ERROTIKA

BIBLION.

Abstrusum excudit.

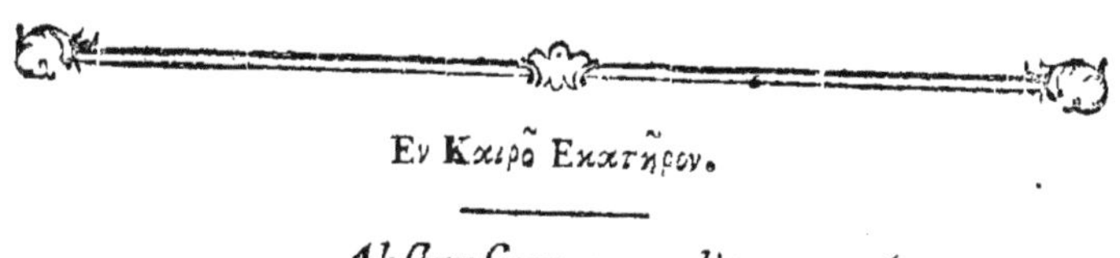

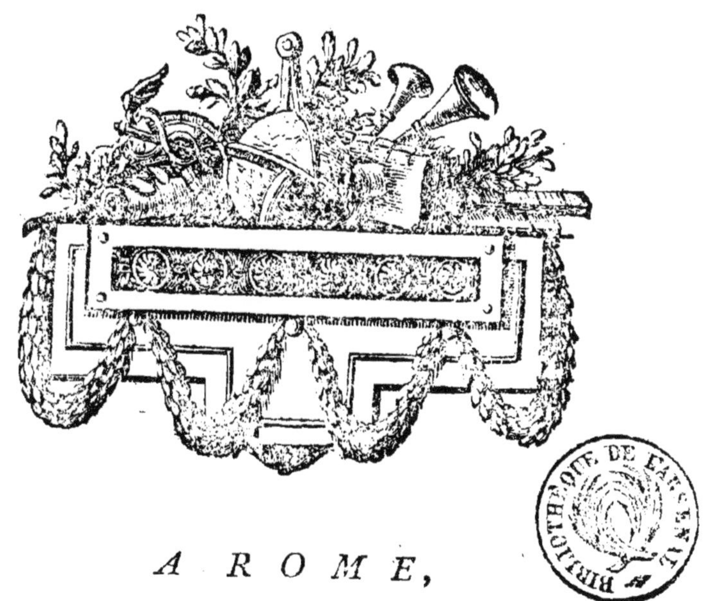

A ROME,

DE L'IMPRIMERIE DU VATICAN.

MDCCLXXXIII.

AVIS
DES ÉDITEURS.

Le titre de cet ouvrage ne sera pas intelligible à tous les lecteurs, & plusieurs ne lui trouveront aucun rapport avec le sujet. Néanmoins un autre n'auroit pu lui convenir ; & si nous l'avons laissé en grec, on en devinera aisément la raison.

Les recherches savantes & infiniment curieuses de l'auteur, rendent cet ouvrage aussi érudit qu'agréable, & nous ne doutons pas de l'accueil favorable qu'il recevra du public.

Nous avons du même auteur deux autres manuscrits qui ont le même mérite & qui sont autant intéressans que celui-ci ; ils seront achevés d'imprimer sous deux mois. Nous annoncerons à nos correſpondans le moment où ils devront ſortir de preſſe. Nous mettrons dans l'exécution typographique autant de correction & de goût que dans ce volume. Nous ne pouvons en annoncer les titres que lorſqu'ils ſeront prêts à paroître.

ANAGOGIE.

ANAGOGIE.

ON fait que parmi les découvertes innombrables des antiquités d'Herculanum, les manufcrits ont épuifé la patience & la fagacité des artiftes & des favans. La difficulté confifte à dérouler des volumes à demi-confumés depuis deux mille ans par la lave du Véfuve. Tout tombe en pouffiere à mefure qu'on y touche.

Cependant des minéralogiftes Hongrois, plus patiens que les Italiens, plus exercés à tirer parti des productions qu'offrent les entrailles de la terre, fe font offerts à la reine de Naples. Cette princeffe, amie de tous les arts, & favante dans celui d'exciter l'émulation, a favorablement accueilli ces artiftes : ils ont entrepris cet immenfe travail.

D'abord ils collent une toile fine fur l'un des rouleaux ; quand la toile eft feche, on la fufpend, & l'on pofe en même tems le rouleau fur un chaffis mobile , pour le faire defcendre imperceptiblement , à mefure que le développement s'opere. Pour le faciliter , on paffe un filet d'eau gommée fur le volume avec la barbe d'une plume , & petit à petit les parties s'en détachent pour fe coller immédiatement fur la toile tendue.

Ce travail pénible eft fi long que dans l'efpace d'une année, à peine peut - on dérouler quelques feuilles. Le défagrément de ne trouver le plus fouvent que des manufcrits qui n'apprenoient rien , alloit faire renoncer à cette entreprife difficile & faftidieufe , lorfqu'enfin tant d'efforts ont été récompenfés par la découverte d'un ouvrage qui a bientôt aiguifé le génie des cent cinquante académies de l'Italie. (1)

------

(1) La nomenclature en eft tout au moins curieufe.

Académiciens de Bologne. Abbandonati , Anfiofi , Ociofi , Arcadi , Confufi , Difettuofi , Dubbiofi , Impatienti, Inabili, Indifferenti , Indomiti , Inquieti , Inftabili , Della Notte Piacere , Sienti, Sonnolenti, Torbidi , Verpertini.

De Génes. Accordati , Sopiti , Refvegliati.

De Gubio. Addormentati.

De Venife. Acuti, Allettatti, Difcordanti , Difgiunti , Difurgannati , Dodonci , Filadelfici , Incrufcabili , Inftancabili.

De Rimini. Adagiati , Eutrupeli.

De Pavie. Affidati , Della Chiave.

[5]

C'est un manuscrit mozarabique, composé dans
ces tems perdus où Philippe fut enlevé à côté de

De Fermo. Raffrontati.

De Molise. Agitati.

De Florence. Alterati, Humidi, Furfurati, Della
Crusca, Del Cimento, Infocati.

De Cremone. Animosi.

De Naples. Arditi, Infernati, Intronati, Lunatici,
Secreti, Sirenes, Sicuri, Volanti.

D'Ancone. Argonauti, Caliginosi.

D'Urbin. Assorditi.

De Pérouse. Atomi, Eccentrici, Insensati, Insipidi,
Unisoni.

De Tarente. Audaci.

De Macerata. Catenati, Imperfetti, Chimerici.

De Sienne. Cortesi, Giovali, Prapussati.

De Rome. Delfici, Humoristi, Lincei, Fantastici,
Negletti, Illuminati, Incitati, Indispositi, Infecondi,
Melancholici, Notti Vaticane, Notturni, Ombrosi,
Pellegrini, Sterili, Vigilanti.

De Padoue. Delii, Immaturi, Orditi.

De Drepano. Difficilli.

De Bresse. Dispersi, Erranti.

De Modene. Dissonanti.

De Syracuse. Ebrii.

De Milan. Eliconii, Faticosi, Fenici, Incerti, Mis-
costi.

De Recannati. Disuguali.

De Candie. Extravaganti.

De Pezzaro. Eterocliti.

A 3

l'eunuque de Candace ; (1) où Habacuc , tranf-
porté par les cheveux , (2) portoit à cinq cents

De Commachio. Flattuanti.
D'Arezzo. Forzati.
De Turin. Fulminales.
De Reggio. Fumofi , Muti.
De Cortone. Humorofi.
De Bari. Incogniti.
De Roffano. Incuriofi.
De Brada. Innominati , Tigri.
D'Acis. Intrsicati.
De Mantoue. Invaghiti.
D'Agrigente. Mutabili , Offufcati.
De Verone. Olympici , Unanii.
De Viterbe. Oftinati , Vagabondi.

Si quelque lecteur eft curieux d'augmenter cette
nomenclature , il n'a qu'à lire un ouvrage de Jarckius ,
imprimé à Leipfic en 1725. Cet auteur n'a écrit l'hiftoire que des académies de Piémont , Ferrare &
Milan. Il en compte vingt - cinq dans cette derniere
ville feulement. La lifte des autres eft fans fin , & leurs
noms tous plus bizarres les uns que les autres.

(1) Act. ap. 8 , 39. *Spiritus Domini rapuit Philip-*
pum , & amplius non vidit eunuchus.

(2) Daniel , chap. XIV , v. 32. *Erat autem Habacuc*
propheta in Judæa , & ipfe coxerat pulmentum. . . Et ibat
in campum ut ferret mefforibus.

33. *Dixit que angelus Domini ad Habacuc : fer pran-*
dium quod habes in Babylonem Danieli.

35. *Et apprehendit eum angelus Domini in vertice ejus ,*

lieues le dîner à Daniel, fans qu'il fe refroidit ; où les Philiftins circoncis fe faifoient des pré-puces ; (1) où des anus d'or guériffoient les

---

& portavit eum capillo *capitis fui , pofuit que eum in Babylone.*

Ifaac le Maître, de Saci, a traduit *capillo* par *les cheveux.* Luther met *oben beym fchopff ;* ce qui eft la même faute. Car le miracle eft plus grand d'avoir tranf-porté Habacuc par *un cheveu* que par *les cheveux ;* mais dans tous les cas le voyage eft lefte.

(1) Maccab. l. I, c. I, v. 16.

Et fecerunt fibi præputiæ. --- Ce qu'Ifaac le Maître, de Saci, traduit : *Ils ôterent de deffus eux les marques de la circoncifion.* Les Septante difent tout fimple-ment : *Ils fe font fait des prépuces.* Les peres ont ainfi traduit. Mais depuis que les janféniftes ont paru, ils ont prétendu qu'on ne pouvoit pas mettre les prépuces dans la bouche de jeunes filles lorfqu'on leur faifoit réciter la Bible. Les jéfuites ont foutenu, au contraire, que c'étoit un crime que d'en altérer un feul mot.

Le Maître de Saci a donc périphrafé, & le pere Ber-rhuyer a accufé Saci d'héréfie, & prétendu qu'il avoit fuivi la Bible de Luther. En effet, Luther dans fa Bible fe fert du mot *befchneidung.*

Und hielten die befchneidung nicht mehr.

1   2   3   4   5   6
Et ont gardé la coupure point davantage.

1   2   3   4   5   6
Luther, en effet, a mal interpreté. Le miracle, de quelque maniere que l'on traduife, étoit de fe faire un

hémorrhoïdes. (1) .... Un nommé Jérémie Shackerley, vrai croyant, dit le manuſcrit, profita de l'occaſion.

Il avoit voyagé, & de pere en fils, rien ne s'étoit perdu dans cette famille, l'une des plus anciennes du monde, puiſqu'elle conſervoit des traditions non équivoques de l'époque où les éléphans habitoient les parties les plus froides de la Ruſſie ; où le Spitzberg produiſoit d'excellentes oranges ; où l'Angleterre n'étoit pas ſéparée de la France ; où l'Eſpagne tenoit encore au continent du Canada, par cette grande terre nommée Atlantide, dont on retrouve à peine le nom chez les anciens ; mais dont l'ingénieux M. Bailly ſait ſi bien l'hiſtoire.

Shackerley voulut être tranſporté dans une des planetes les plus éloignées qui forment notre ſyſtéme ; (2) mais on ne le dépoſa pas dans la

---

prépuce. Or la choſe eſt en vérité miraculeuſe dans le texte des Septante, & ne l'eſt pas autant dans la verſion des janſéniſtes.

(1) Rois, liv. VII, chap. VI, v. 17.

Hi ſunt autem ani aurei quos reddiderunt pro dilecto domino.

(2) Je ne doute pas que quelque demi-ſavant, ou quelque critique obſtiné, ne trouve, dans la ſuite de cette notice, Shackerley beaucoup plus ſavant en aſtro-

planete même , on le plaça dans l'anneau de Saturne. Cet orbe immense n'étoit point encore
tranquille. Dans les parties basses , des mares
profondes & orageuses , des courans rapides , des
tournoiemens d'eau , des tremblemens de terre
presque continuels, produits par l'affaissement des
cavernes & par les fréquentes explosions des volcans ; des tourbillons de vapeurs & de fumées ,
des tempêtes sans cesse excitées par les secousses
de la terre , & ses chocs terribles contre les eaux

---

nomie que ne le comporte le costume d'un ouvrage
contemporain d'Herculanum. Mais je le prie d'observer,
1°. que l'Anagogie est une révélation faite par Jérémie
Shackerley , tout comme..... Ah ! oui : tout comme
S. Jean a écrit l'Apocalypse dans l'isle de Pathmos.
2°. Que personne dans Herculanum n'a pu rien com-
prendre à ce manuscrit, écrit bien avant la venue de
J. C. comme nous n'entendons rien à la bête de
l'Apocalypse qui a 666 . . . . . . sur le front, ornement
qui seroit singulier même pour un mari François ; ce
qui ne détruit point du tout l'authenticité de notre docte
manuscrit. 3°. Qu'on n'a qu'à lire l'histoire incontes-
table de l'astronomie antidiluvienne , par M. Bailly,
pour se convaincre que Shackerley pouvoit savoir tout
ce qu'il paroît avoir su. . . . Enfin , je déclare que pour
trente-six mille raisons , un peu trop longues à déduire ,
douter de Jérémie Shackerley , c'est mériter un auto-
da-fé.

de la mer ; des inondations , des débordemens ; des déluges ; des fleuves de lave , de bitume , de foufre , ravageant les montagnes & fe précipitant dans les plaines , où ils empoifonnoient les eaux ; la lumiere offufquée par des nuages aqueux , par des maffes de cendres , par des jets de pierres enflammées que pouffoient les volcans. . . . Telle étoit la fituation de cette planete encore informe. L'anneau feul étoit habitable. Beaucoup plus mince & plutôt attiédi , il jouiffoit déjà depuis long-tems des avantages de la nature perfectionnée , fenfible , intelligente ; mais on y appercevoit les terribles fcenes dont Saturne étoit le théatre.

La forme & la conftruction de cet anneau parurent fi fingulieres à Shackerley , que rien dans l'univers ne lui avoit femblé auffi étrange. D'abord notre foleil , qui eft celui des habitans de ce pays , étoit pour eux à peine la trentieme partie de ce qu'il nous paroît. Il formoit à leurs yeux l'effet que produit fur la terre l'étoile du berger , quand elle eft dans fon plein. Mercure , Vénus , la terre & Mars , n'y pouvoient point être difcernés ; on y doutoit de leur exiftence. Jupiter feul s'y montroit , à peu de chofe près , comme nous le voyons ; avec cette différence qu'il préfentoit des phafes comme la lune nous en montre. Il en étoit de même de fes fatellites ; & de ce concours de. variétés uniformes , il réfultoit des phénomenes curieux & utiles. *Curieux*, en ce que l'on voyoit Jupiter en croiffant, & fes quatre petites lunes tantôt en croiffant , tantôt en décours ; ou les unes à droites , & les autres fe confondant avec la planete elle-même : *utiles*, en ce que Jupiter paffoit quelquefois fur le foleil avec tout fon cortege ; ce qui produifoit une multitude de points de conta& , d'immerfions & d'émerfions fucceffives , qui ne laiffoient rien à defirer pour la régularité des obfervations. Ainfi la dédu&ion des parallaxes étoit calculée rigoureufement ; enforte que , malgré l'éloignement de l'anneau , ou de Saturne ou foleil , qui , felon le do&e Jérémie Shackerley , n'eft guere moins de trois cents treize millions de lieues , on avoit fait plus de progrès en aftronomie que fur la terre , depuis une infinité de fiecles.

Le foleil étoit foible ; mais le défaut de fa chaleur , fe compenfoit par celle du globe de Saturne , qui n'étoit point attiédi. Cet anneau recevoit de fa planete principale plus de lumiere & de chaleur , que nous n'en avons ici-bas ; car enfin cet anneau avoit dans lui-même , dans fon centre , ce globe de Saturne qui eft neuf cents fois plus gros que la terre , & il en étoit éloigné de cinquante - cinq mille lieues , ce qui forme les trois quarts de la diſtance de la lune à la terre.

Autour de l'anneau & à de grandes diſtances , on voyoit cinq lunes qui ſe levoient quelquefois toutes du même côté. Shackerley prétend qu'il eſt impoſſible de ſe former une idée aſſez magnifique de ce ſpectacle.

Cet anneau ſi bien ſitué formoit comme un pont ſuſpendu , un arc circulaire ; on voyageoit dans tout ſon contour ; ainſi l'on faiſoit de loin le tour du globe de Saturne ; mais de façon que le voyageur avoit toujours ce globe du même côté.

La largeur de cet anneau n'eſt pas moindre que l'épaiſſeur de notre globe ; mais en même tems il eſt aſſez mince pour que cette épaiſſeur diſparoiſſe , quand il eſt vu de la terre. C'eſt ainſi que ſemble la lame d'un couteau , quand on la fixe de loin par le plan du tranchant. Shackerley n'ignoroit rien des phénomenes , qu'on peut connoître ici-bas ; mais il s'attendoit à pouvoir ſe porter au moins à califourchon ſur la tranche de cet anneau. Quelle fut ſa ſurpriſe en voyant que cette épaiſſeur ſi mince , qui diſparoît à nos yeux , formoit une diſtance auſſi grande que celle de Paris à Strasbourg ; car cet exemple donnera plus vîte & plus exactement l'idée de cette dimenſion , que les meſures itinéraires employées par Sha-

ckerlcy , lefquelles ont befoin de quelques mil-
liers de commentaires in-folio , avant que d'être
inconteftablement évaluées. Ainfi il pouvoit y
avoir de petits royaumes fur ce bord intérieur
& concave , que les politiques de notre globe
fauroient bien rendre un théatre fanglant & mé-
morable d'innombrables glorieufes intrigues s'il
étoit à leur difpofition. Les habitans de cette
partie , que l'on peut appeller les antipodes du
dos extérieur de l'anneau , les habitans de l'intérieur, dis-je , avoient ce globe énorme de Saturne fufpendu fur leur tête ; l'anneau repaffoit
par-deffus ce globe , & par-delà l'anneau gra-
vitoit les cinq lunes.

Enfin, les habitans de l'intérieur voyoient leur
droite & leur gauche , comme nous voyons les
nôtres fur la terre ; mais l'horifon de devant ,
ainfi que celui de derriere , étoient bien différens
de ceux que nous appercevons ici - bas. A dix
lieues , nous perdons un vaiffeau de vue à caufe
de la courbure de notre globe ; dans l'anneau
de Saturne , cette courbure eft en fens contraire ;
elle s'éleve au lieu de s'abaiffer ; mais comme
l'anneau entoure Saturne à la diftance de cinquan-
te-cinq mille lieues , il en réfulte que cet anneau,
en forme de bourrelet , a au moins cinq cents
mille lieues de circonférence. Sa courbure s'éleve

donc imperceptiblement. L'horifon qui s'abaiffe fur notre terre, paroît *plan* à l'œil l'efpace de quelques lieues ; puis il s'éleve un peu ; les objets diminuent ; diftinéts d'abord, ils finiffent par fe confondre : on n'apperçoit plus que les maffes ; enfin, cette terre s'éleve dans le lointain à des diftances énormes toujours en fe *menuifant ;* au point que cet anneau, par les illufions de l'opti-que, finit en l'air, devient à l'œil de la largeur de notre lune, & s'apperçoit à peine dans la partie qui fe trouve fur la tête de l'obfervateur ; car elle eft pour lui à plus du double de la diftance de la lune à la terre, c'eft-à-dire, à deux cents mille lieues à peu près.

J'omets les phénomenes multipliés que pro-duifent tous ces corps fufpendus par leurs éclip-fes refpeétives ; Shackerley les connoiffoit fur la terre & les avoit bien jugés.

Leur ciel étoit comme le nôtre, nulle diffé-rence pour toutes les conftellations ; mais un nom-bre infini de cometes rempliffoient l'efpace im-menfe & incalculable qui fe trouvoit entre Sa-turne & les étoiles qu'on foupçonnoit les plus voifines.

Comme l'attraétion du globe de Saturne ba-lançoit en partie celle de l'anneau, la pefanteur y étoit très diminuée ; on y marchoit fans effort,

& le moindre mouvement tranſportoit la maſſe ; comme une perſonne qui ſe baigne & ne peut déplacer que le pareil volume d'eau qu'elle occupe , s'y meut par des impulſions inſenſibles.

Ainſi les corps pour ſe joindre ne faiſoient que s'effleurer ; ils s'approchoient ſans preſſion , tout y étoit preſque aérien ; les ſenſations les plus délicates ſe perpétuoient ſans émouſſer les organes. On conçoit que cette maniere d'être influoit beaucoup ſur le moral des habitans de l'arc planétaire. Auſſi l'une des merveilles qui ſurprit le plus Shackerley , ce fut la perfectibilité des êtres qui meubloient cet étrange anneau ; ils jouiſſoient de beaucoup de ſens qui nous ſont inconnus ; la nature avoit fait de trop grandes avances dans l'appareil de tous ces grands corps , pour s'arrêter à cinq ſens dans la compoſition de ceux qu'elle avoit deſtinés à jouir de tous ces ſpectacles.

Ici l'embarras de Shackerley devint énorme. Il avoit aſſez de connoiſſances pour ſaiſir & tracer les grands effets de ces corps variés & ſuſpendus ; il échoua quand il voulut peindre des êtres animés. Auſſi ne trouve – t – on point dans le manuſcrit mozarabique toute la clarté , tous les détails que l'on deſireroit à cet égard. Au moins les *Abbandonati* de Bologne , les *Reſvegliati* de Gênes , les *Addormentati* de Gubio , les *Diſin-*

gannati de Venife , les *Adagiati* de Rimini , les *Furfurati* de Florence , les *Lunatici* de Naples , les *Caliginofi* d'Ancone , les *Infipidi* de Péroufe , les *Mélancholici* de Rome , les *Extravaganti* de Candie , les *Ebrii* de Syracufe , &c. &c. &c. qui tous ont été confultés , ont renoncé à rendre la traduction plus claire. Il eft vrai que l'inquifition civile & religieufe entrent peut-être pour quelque chofe dans leur embarras.

Cependant il faut être jufte ; rien n'eft plus difficile à donner que l'explication d'un fens qui nous eft étranger. On a des exemples d'aveugles nés qui , par le fecours des fens qui leur reftoient , ont fait des miracles de cécité. Eh bien ! l'un d'entr'eux , chymifte , muficien , apprenant à lire à fon fils , ne peut pas trouver une autre définition du miroir que celle-ci : « *C'eft une* » *machine par laquelle les chofes font mifes en* » *relief hors d'elles-mêmes.* » Voyez combien cette définition , que les philofophes qui l'ont approfondie trouvent très-fubtile & même furprenante , (1) eft cependant abfurde. Je ne connois

____

(1) En effet , comme le remarque l'illuftre M. d'Alembert , d'après l'ingénieux & quelquefois fublime Diderot , quelle fineffe d'idées n'a-t-il pas fallu pour parvenir ? L'aveugle n'a de connoiffance que par le

point

point d'exemple plus propre à montrer l'impoffibilité d'expliquer des fens dont on eft dépour-
vu ; & cependant toutes les affections & les
qualités morales dérivent des fens ; c'eft par conféquent fur les obfervations qui leur font relatives, que l'on pourroit uniquement fonder ce qu'il
y auroit à dire fur le moral de ces êtres d'une
efpece fi différente de la nôtre.

Au refte, il faut efpérer que l'habitude où
nos voyageurs & nos hiftoriens nous ont mis
de leur voir négliger ou même omettre ce qui
n'a trait qu'aux mœurs, aux loix, aux coutumes,

---

tact ; il fait qu'on ne peut voir fon vifage quoiqu'on
puiffe le toucher. « La vue, conclue-t-il, eft donc une
» efpece de tact qui ne s'étend que fur les objets diffé-
» rens du vifage & éloignés de nous. » Le tact ne lui
donne en outre que l'idée du relief. Donc un miroir
eft *une machine qui nous met en relief hors de nous-
mêmes.* Ces mots *en relief* ne font pas de trop Si l'a-
veugle difoit, *nous met hors de nous-mêmes,* il diroit
une abfurdité de plus ; car comment concevoir une
machine qui puiffe doubler un objet ? Le mot *relief*
ne s'applique qu'à la furface ; ainfi nous mettre en relief
hors de nous-mêmes, c'eft mettre la repréfentation
de la furface de notre corps hors de nous. Cette dé-
fignation eft toujours une énigme pour l'aveugle ; mais
on voit qu'il a cherché à diminuer l'énigme le plus
qu'il étoit poffible.

B

rendra nos lecteurs indulgens pour Shackerley, qui du moins a le paſſeport d'une haute anti-quité, ſans lequel on ne voudroit peut-être pas croire un mot de ce qu'il a dit ; car il étoit pour ſes contemporains, & à bien des égards il eſt encore pour nous à peu près dans le cas d'un homme, qui n'auroit vu qu'un jour ou deux, & qui ſe trouveroit confondu chez un peuple d'a-veugles ; il faudroit certainement qu'il ſe tût, ou on le prendroit pour un fol puiſqu'il annonceroit une foule de myſteres, qui n'en ſeroient à la vérité que pour le peuple ; mais tant d'hommes ſont *peuple*, & ſi peu ſont philoſophes, qu'il n'y a pas de ſûreté à n'agir, à ne penſer, à n'écrire que pour ceux-ci.

Shackerley a fait cependant quelques obſerva-tions, dont voici les plus ſingulieres.

Il s'apperçut que la mémoire dans les êtres de Saturne ne s'effaçoit point. Les penſées ſe commu-niquoient parmi eux ſans paroles, & ſans ſignes. Point d'idiôme ; par conſéquent rien d'écrit, rien de dépoſé ; & combien de portes fermées aux menſonges, aux erreurs ! Ces détails prodigieux, innombrables qui nous énervent, leur étoient inconnus. Ils avoient toutes les facilités poſſibles pour tranſmettre leurs idées, pour donner une rapidité inconcevable à leur exécution, pour hâ--

ter tous les progrès de leurs connoiffances ; il fembloit que dans cette efpece privilégiée tout s'exécutât par inftinct & avec la célérité de l'éclair.

La mémoire retenant tout, la tradition fe per-pétuoit avec infiniment plus de fidélité, d'exac-titude & de précifion que par les moyens com-pliqués & infinis que nous accumulons, fans pou-voir atteindre à aucun genre de certitude.

Chaque corps a fes émanations ; elles font en pure perte fur la terre : dans l'anneau elles for-moient une athmofphere toujours agiffante à des diftances confidérables ; & ces émanations dont Shackerley n'a pu donner une idée qu'en les com-parant à ces atômes, qu'on diftingue à l'aide du rayon folaire introduit dans la chambre obfcure, ces émanations, dis-je, répondoient à toutes les houppes nerveufes du fentiment de l'individu. Semblables aux étamines des plantes, aux affini-tés chymiques, elles *s'enlaçoient* dans les éma-nations d'un autre individu, lorfque la fympathie s'y rencontroit ; ce qui, comme on peut aifé-ment le concevoir, multiplioit à l'infini des fen-fations dont nous ne pouvons nous former qu'une image très-infidelle. Elles rendoient, par exem-ple, les jouiffances de deux amans femblables à celles d'Alphée qui, pour jouir d'Aréthufe, que Diane venoit de changer en fontaine, fe méta-

morphofa en fleuve , afin de s'unir plus intimé-
ment à fon amante , en mêlant fes ondes avec
les fiennes.

Cette cohéfion vive & prefque infinie de tant
de molécules fenfibles , produifoit néceffairement
dans ces êtres un efprit de vie que Shackerley
exprime par un mot mozarabe , que l'académie
des *Innamorati* a traduit par le mot *électrique* ,
quoique les phénomenes de l'électricité ne fuffent
point connus dans ces tems reculés.

Tout dans ces contrées abondoit fans culture ,
& tellement , que les propriétés y feroient deve-
nues à charge autant qu'inutiles. On fent qu'où il
n'y a point de propriété , il y a bien peu d'occa-
fions de difputes , d'inimitiés , & que la plus parfaite égalité politique regne , à fuppofer même
qu'il faille à de tels êtres un fyftême politique. Je
ne conçois pas ce qui pourroit les troubler , puifque leurs befoins font plutôt prévenus que fatif-
faits , fi la faveur du defir ne leur manque point ,
& qu'ils n'aient rien à craindre du poifon de la
fatiété.

Dans l'anneau de Saturne , les connoiffances fe
tranfmettoient par l'air à des diftances très-con-
fidérables , par la même voie que fe tranfmet la
lumiere du foleil , laquelle nous vient , comme
on fait , en fept minutes. Une infpiration ou un

foufle différemment modifié fuffifoit pour com-
muniquer une penfée. Delà réfultoit un concours
admirable dans les populations infinies , qui par
cette intelligence , cette harmonie univerfelle-
ment répandue dans tout l'anneau , ne s'occu-
poient que de leur bonheur commun , lequel n'é-
toit jamais en contradiction avec celui d'aucun
individu.

Ces êtres fi fürprenans , fur-tout pour les hommes, jouiffoient ainfi d'une paix éternelle & d'un
bien-être inaltérable. Les arts qui tendent au
bonheur & à la confervation de l'efpece , étoient
auffi perfectionnés qu'il foit poffible de l'imaginer
& même de le defirer ; & l'on n'y avoit pas la
moindre idée de ces arts deftructeurs enfantés
par la guerre. Ainfi les habitans de l'anneau n'a-
voient point paffé par ces alternatives de raifon
& de démence , qui ont fi prodigieufement mêlé
nos fociétés de bien & de mal. Les grands talens
dans la fcience funefte de faire celui-ci , loin d'ê-
tre admirés chez eux , n'y étoient pas même connus. Les plaifirs ftériles ou factices n'y régnoient
pas plus que le faux honneur ; & l'inftinct de ces
êtres fortunés leur avoit appris fans effort ce que
la trifte expérience de tant de fiecles nous enfeigne encore vainement , je veux dire , que la

véritable gloire d'un être intelligent eſt la ſcience,
& la paix ſon vrai bonheur.

Voilà ce qu'une lecture rapide m'a permis de
retenir du voyage de Shackerley, qu'Habacuc, à
la fin de ſon voyage, reprit par les cheveux, &
dépoſa en Arabie d'où il l'avoit enlevé. Quand le
développement & la traduction de ce précieux
manuſcrit feront achevés, je me propoſe d'en
donner à l'Europe ſavante une édition non moins
authentique que celle des livres ſacrés des Brames,
que M. Anguetil a inconteſtablement rapportés
des bords du Gange ; car j'oſe me flatter de ſavoir
preſque auſſi bien le *mozarabique qu'il ſait le
zend ou le pelhvi.*

L'ANÉLYTROÏDE.

L'ANÉLYTROÏDE.

LA Bible est sans contredit l'un des livres les plus anciens & les plus curieux qui existent sur la terre.

La plupart des objections sur lesquelles se fondent les personnes qui ne peuvent croire que Moyse ait été un interprete divin, me paroissent très-insuffisantes. Rien n'a été, par exemple, plus tourné en ridicule que la physique des livres saints, laquelle en effet paroît très-défectueuse. Mais on ne pense point à l'état de cette science dans les premiers âges, pour lesquels enfin il falloit que ce livre fût intelligible. La physique étoit alors ce qu'elle seroit encore, si l'homme n'eût jamais étudié la nature. Il voit le ciel comme une voûte d'azur, dans laquelle le soleil & la lune semblent être les astres les plus considérables; le premier produit toujours la lumiere du jour, & le second celle de la nuit. Il les voit paroître ou se lever d'un côté, & disparoître ou se coucher de l'autre, après avoir fourni leur course & donné leur lu-

miere pendant un certain efpace de tems. La mer
femble de même couleur que la voûte azurée , &
l'on croit qu'elle touche au ciel lorfqu'on la regarde de loin. Toutes les idées du peuple ne portent & ne peuvent porter que fur ces trois ou
quatre notions ; & quelque fauffes qu'elles foient ,
il falloit s'y conformer pour fe mettre à fa portée.

Puifque la mer paroît dans le lointain fe réunir
au ciel , il étoit naturel d'imaginer qu'il exiftoit
des eaux fupérieures & des eaux inférieures , dont
les unes rempliffoient le ciel & les autres la mer ;
& que pour foutenir les eaux fupérieures , il exiftoit un firmament ; c'eft – à – dire , un appui , une
voûte folide & tranfparente , au travers de laquelle
on appercevoit l'azur des eaux fupérieures.

Voici maintenant ce que dit le texte de la Genefe :

« Que le firmament foit fait au milieu des
» eaux, & qu'il fépare les eaux d'avec les eaux ; &
» Dieu fit le firmament & fépara les eaux qui
» étoient fous le firmament de celles qui étoient
» au-deffus du firmament, & Dieu donna au fir-
» mament le nom de ciel.... Et à toutes les eaux
» raffemblées fous le firmament le nom de mer. »

Il eft évident que c'eft à ces idées qu'il faut rapporter , 1°. les cataractes du ciel , les portes , les
fenêtres du firmament folide, qui s'ouvrirent lorf

qu'il fallut laisser tomber les eaux supérieures pour noyer la terre.

2°. L'origine commune des poissons & des oiseaux, les premiers produits par les eaux inférieures, les oiseaux par les eaux supérieures, parce qu'ils s'approchent dans leur vol de la voûte azurée, que le peuple n'imagine pas être élevée beaucoup plus que les nuages.

De même, ce peuple croit que les étoiles sont attachées à la voûte céleste comme des cloux : plus petites que la lune, infiniment plus petites que le soleil. Il ne distingue les planetes des étoiles fixes que par le nom d'*errantes*. C'est sans doute par cette raison qu'il n'est fait aucune mention des planetes dans tout le récit de la création. Tout y est représenté relativement à *l'homme vulgaire* , auquel il ne s'agissoit pas de démontrer le vrai système de la nature, & qu'il suffisoit d'instruire de ce qu'il devoit à l'Être suprême, en lui montrant ses productions comme bienfaits. Toutes les vérités sublimes de l'organisation du monde, si l'on peut parler ainsi, ne devoient paroître qu'avec le tems, & l'Être souverain se les réservoit peutêtre, comme le plus sûr moyen de rappeller l'homme à lui, lorsque sa foi, déclinant de siecles en siecles, seroit timide, chancelante & presque nulle ; lorsqu'éloigné de son origine, il finiroit par l'oublier ; lorſqu'accoutumé au grand ſpectacle de l'univers, il ceſſeroit d'en être touché, & oſeroit en méconnoître l'Auteur. Les grandes découvertes ſucceſſives raffermiſſent, agrandiſſent l'idée de cet Être infini dans l'eſprit de l'homme. Chaque pas qu'on fait dans la nature produit cet effet, en rapprochant du Créateur. Une vérité nouvelle devient un grand miracle, plus miracle, plus à la gloire du grand Être, que ceux qu'on nous cite, parce que ceux – ci, lors même qu'on les admet, ne ſont que des coups d'éclat que Dieu frappe immédiatement & rarement ; au lieu que dans les autres il ſe ſert de l'homme même pour découvrir & manifeſter ces merveilles incompréhenſibles de la nature, qui, opérées *à tout inſtant,* expoſées *en tout tems* & *pour tous les tems* à ſa contemplation, doivent rappeller inceſſamment l'homme à ſon Créateur, non-ſeulement par le ſpectacle actuel, mais encore par ce développement ſucceſſif.

Voilà ce que nos théologiens ignorans & vains devroient nous apprendre. Le grand art eſt de lier toujours la ſcience de la nature, avec celle de la théologie, & non de faire heurter ſans ceſſe des choſes ſaintes & la raiſon, les croyans fideles & les philoſophes.

Une des ſources du diſcrédit où les livres ſaints ſont tombés, ce ſont les interprétations fortées, que notre amour-propre, si orgueilleux, si absurde, si rapproché de notre misere a voulu donner à tous les passages que nous ne pouvons expliquer. Delà sont nés les sens figurés, les idées singulieres & indécentes, les pratiques superstitieuses, les coutumes bizarres, les décisions ridicules ou extravagantes dont nous sommes inondés. Toutes les folies humaines se sont étayées tour-à-tour des passages rebelles aux interpretes, qui s'évertuent, s'obstinent & ne doutent de rien; comme si l'Être suprême n'avoit pas pu donner à l'homme des vérités, qu'il ne devoit connoître, savoir, approfondir, que dans les *siecles à venir*. Du moment où vous admettez que la Bible est faite pour l'univers, songez que l'on fait aujourd'hui bien des choses que l'on ignoroit il y a quarante siecles, & que dans quatre mille autres années, ou saura des faits que nous ignorons. Pourquoi donc vouloir juger par anticipation ? Les connoissances font graduelles, & ne se développent que par une marche insensible, que les révolutions des empires & de la nature retardent ou ralentissent. Or l'intelligence de la Bible, qui existe depuis un si grand nombre de siecles, qu'il y a bien peu de choses à citer d'une aussi haute antiquité, demande peut-être encore un long période d'efforts & de recherches.

L'un des articles de la Genefe qui a fingulié-
rement aiguifé l'efprit humain , c'eft le verfet
27 du chapitre I.

« Dieu créa *l'homme* à fon image , il *les* créa
» mâle & femelle. »

Il eft bien clair , il eft bien évident que Dieu
a créé Adam androgyne ; car au verfet fuivant ,
(verfet 28), il dit à Adam : « Croiffez & mul-
» tipliez-vous ; rempliffez la terre. »

Ceci fut opéré le fixieme jour ; ce n'eft que
le feptieme que Dieu créa la femme ; ce que Dieu
fit entre la création de l'homme & celle de la
femme eft immenfe. Il fit connoître à Adam tout
ce qu'il avoit créé ; animaux , plantes , &c. Tous
les animaux comparurent devant Adam.

(1) « Adam les nomma tous : & le nom qu'A-
» dam donna à chacun des animaux eft fon nom
» véritable. »

(2) » Adam appella donc tous les animaux
» d'un nom qui leur étoit propre , tant les oi-
» feaux que les bêtes, &c. »

Jufqu'ici la femme n'a point paru ; elle eft in-
créée ; Adam eft toujours hermaphrodite. Il a pû
croître feul & fe multiplier.

____

(1) Chap. II, v. 19.
(2) Ibid. v. 20.

Et pour concevoir le tems pendant lequel Adam a pu réunir en lui les deux fexes, il fuffit de réfléchir fur ce que peuvent être ces jours dont l'écriture parle ; ces fix jours de la création, ce *feptieme jour* du repos, &c.

On ne peut être que véritablement affligé, que prefque tous nos théologiens, tous nos mangeurs d'immages abufent de ce grand, de ce faint nom de Dieu ; on eft bleffé toutes les fois que l'homme le profâne, & qu'il proftitue l'idée du premier Être, en la fubftituant à celle du phantôme de fes opinions. Plus on pénetre dans le fein de la nature, & plus on refpecte profondément fon Auteur ; mais un refpect aveugle eft fuperftition ; un refpect éclairé eft le feul qui convienne à la vraie religion ; & pour entendre fainement les premiers faits que l'interprete Divin nous a tranfmis, il faut, ainfi que l'obferve l'éloquent Buffon, recueillir avec foin ces rayons échappés de la lumiere célefte. Loin d'offufquer la vérité, ils ne peuvent qu'y ajouter un nouveau degré de fplendeur.

Cela pofé, que peut-on entendre par les fix jours que Moyfe défigne fi précifément, en les comptant les uns après les autres, finon *fix efpaces de tems*, fix *intervalles* de durée ? Ces efpaces de tems indiqués par le nom de *jours*, faute

d'autres expreſſions, ne peuvent avoir aucun rapport avec nos jours actuels , puiſqu'il s'eſt paſſé
ſucceſſivement trois de *ces jours* avant que le
ſoleil ait été créé. Ces jours n'étoient donc pas
ſemblables aux nôtres, & Moyſe l'indique claire-
ment en les comptant du *ſoir au matin ;* au lieu
que les jours ſolaires ſe comptent & doivent ſe
compter du *matin au ſoir.* Ces ſix jours n'étoient
donc ni ſemblables aux nôtres , ni égaux entr'eux ;
ils étoient proportionnés à l'ouvrage. Ce ne ſont
donc que *ſix eſpaces de tems.* Donc Adam ayant
été créé hermaphrodite le ſixieme jour , & la femme n'ayant été produite qu'*à la fin du ſeptieme ,*
Adam a pû procréer en lui – même , & par lui-
même tout le tems qu'il a plu a Dieu de placer
entre ces deux époques.

Cet état d'androgynéïté n'a pas été inconnu aux
philoſophes du paganiſme , à ſes mythologues ,
ni aux rabbins. Ceux-ci ont prétendu qu'Adam
fut créé homme d'un côté , femme de l'autre ;
compoſé de deux corps que Dieu ne fit que ſé-
parer. Ceux-là , comme Platon , l'ont fait de figure ronde , d'une force extraordinaire ; auſſi la
race qu'en provint voulut déclarer la guerre aux
dieux. -- Jupiter irrité les voulut détrurie. --
Mais il ſe contenta d'affoiblir l'homme en le dé-
doublant , & Apollon étendit la péau qu'il noua

au

au nombril... De là le penchant qui entraîne un fexe vers l'autre par l'ardeur qu'ont les deux moitiés pour fe rejoindre, & l'inconftance humaine, par la difficulté qu'a chaque moitié de rencontrer fa correfpondante. Une femme nous paroît-elle aimable ? nous la prenons pour cette moitié avec laquelle nous n'euffions fait qu'un tout ; le cœur nous dit : la voilà, c'eft elle ; mais à l'épreuve, hélas ! trop fouvent ce ne l'eft point.

C'eft fans doute d'après quelques-unes de ces idées que les Bafilitiens & les Carpocratiens prétendirent que nous naiffions dans l'état de nature innocente, tels qu'Adam au moment de la création, & par conféquent devant imiter fa nudité. Ils déteftoient le mariage, foutenoient que l'union conjugale n'auroit jamais eu lieu fur la terre fans le péché ; regardoient la jouiffance des femmes en commun comme un privilege de leur rétabliffement dans la juftice originelle, & pratiquoient leurs dogmes dans un fuperbe temple fouterrein, échauffé par des poëles, dans lequel ils entroient tout nus, hommes & femmes ; là, tout leur étoit permis, jufqu'aux unions que nous nommons adultere & incefte, dès que l'ancien ou le chef de leur fociété avoit prononcé ces paroles de la Genefe : *Croiffez & multipliez.*

C

Tauchelin renouvella cette fecte dans le douzie-
me fiecle ; il prêchoit ouvertement que la fornication & l'adultere étoient des actions méritoi-
res ; & les plus fameux d'entre ces fectaires furent
appellés les *Turlupins* en Savoye. Plufieurs favans
font remonter l'origine de ces fectes à Muacha,
mere d'Afa, roi de Juda, grande prêtreffe de Priape : c'eft dater de loin, comme on voit.

Cette double vertu d'Adam paroît avoir encore
été indiquée dans la fable de Narciffe qui, épris
de l'amour de lui-même, veut jouir de fon image,
& finit par s'affoupir en échouant à l'ouvrage. (1)

Tous ces doutes, toutes ces recherches fur les
jouiffances contre notre nature actuelle, ont donné
lieu à une grande queftion ; à favoir : *an imper-
forata mulier poffit concipere ?* « Si une fille im-
» perforée peut fe marier ? »

On conçoit que les PP. Cucufe & Tournemine, favans jéfuites, ont approfondi cette queftion, & qu'ils ont été pour l'affirmative ; l'œuvre
de Dieu, difent-ils, ne peut en aucun cas exifter

---

(1) Telle eft l'origine même du mot de narciffe,
lequel vient de Ναρκη (narcè), *affoupiffement* ; de là le
narciffe fut la fleur chérie des divinités infernales ; delà
vient auffi que l'on offroit anciennement les guirlandes
de narciffe aux furies, parce qu'elles engourdiffoient,
affoupiffoient les fcélérats.

d'une maniere contraire aux fins de la nature ; une fille privée de la vulve en apparence , doit donc trouver dans l'anus des reffources pour remplir le vœu de la reproduction , la premiere & la plus inféparable des fonctions de notre exiftence.

Cucufe & Tournemine ont été attaqués ; cela devoit être ; mais le favant Sanchez , Efpagnol , qui a étudié trente ans de fa vie ces queftions *affis fur un fiege de marbre,* qui ne mangeoit jamais ni poivre , ni fel , ni vinaigre , & qui , quand il étoit à table pour dîner , tenoit toujours fes pieds en l'air , (1) Sanchez a défendu fes confreres avec une éloquence dont on ne croiroit pas une pareille matiere fufceptible. Néanmoins la jaloufie contre les jéfuites a été fi puiffante , que les papes ont fait un cas réfervé aux jeunes filles qui tenteroient cette voie faute d'autres ; jufqu'à ce que Benoît XIV , éclairé par les découvertes de la faculté de chirurgie de Paris , a levé le cas ré-

---

(1) *Salem , Piper , acorem refpuebat. Menfæ vero ac-cumbebat alternis femper pedibus fublatis.* Voyez *Elogium thom. Sanchez ,* imprimé à la tête de l'ouvrage *De matrimonio.* A Anvers , chez Murfs , 1652 , *in-folio.* Et fi vous voulez avoir une idée des édifiantes queftions qu'a agité ce théologien , & bien d'autres , cherchez la vingt-unieme difpute de fon fecond livre.

fervé, & permis l'ufage de la *parte-pofte* dans le fens des peres Cucufe & Tournemine.

En effet, M. Louis, fecrétaire perpétuel de l'académie de chirurgie, a foutenu, en 1755, la queftion fur les bancs ; il a prouvé que les anélytroïdes pouvoient concevoir, & des faits confignés dans fa thefe, imprimée avec privilege, le démontre. Malgré cette authenticité le parlement ne manqua pas de dénoncer la thefe de M. Louis, comme contraire aux bonnes mœurs. Il fallut que ce grand & non moins ingénieux & malin chirurgien recourut aux cafuiftes à la Sorbonne ; alors il montra facilement que le parlement prononçoit fur une queftion, qui n'eft pas plus de fa compétence que l'émétique. Et le parlement ne donna aucune fuite à la dénonciation.

Il eft réfulté de tout cela une vérité très-importante pour la propagation de l'efpece humaine, & non moins finguliere pour le commun des lecteurs ; c'eft que beaucoup de jeunes femmes ftériles font autorifées, & doivent même en confcience tenter les deux voies, jufqu'à ce qu'elles fe foient affurées de la véritable route que le Créateur a mife en elles.

L'ISCHA.

L'ISCHA.

MARIE SCHURMANN a proposé ce problême : *L'étude des lettres convient-elle à une femme ?*

Schurmann soutient l'affirmative, veut que la femme n'excepte aucune science, pas même la théologie, & prétend que le beau sexe doit embrasser la science universelle, parce que l'étude donne une sagesse qu'on n'achette point par les secours dangereux de l'expérience ; & que lors même qu'il en coûteroit quelque chose à l'innocence, il feroit à propos de passer pardessus de certaines réserves, en faveur de cette prudence précoce, qui d'ailleurs se trouvera secondée par l'étude, dont les méditations affoiblissent ou redressent les penchans vicieux, & diminuent le danger des occasions.

L'éducation des femmes est si négligée chez tous les peuples, même chez ceux qui passent pour les plus policés, qu'il est bien étonnant qu'on en compte un aussi grand nombre de célebres par leur érudition & leurs ouvrages. Depuis le livre des femmes illustres de Boccace, jusqu'aux énormes

C 4

*in-*4º du minime Hilarion Cofte, nous avons en ce genre un grand nombre de nomenclatures ; & Wolf a donné un catalogue des femmes célebres, à la fuite des fragmens des illuftres Grecques, qui ont écrit en profe. (1) Les Juifs, les Grecs, les Romains, tous les peuples de l'Europe moderne ont eu des femmes favantes.

Il eft donc étonnant que divers préjugés contre la perfectibilité des femmes fe foient établis fur le prétendu rapport de *l'excellence de l'homme fur la femme.* Plus on approfondit ce fait fi fingulier, (car il l'eft infiniment que l'objet de l'adoration des hommes foit par - tout leur efclave,) plus on remarque qu'il eft principalement fondé fur le droit du plus fort, l'influence des fyftêmes politiques, & fur-tout celle des religions ; car le chriftianifme eft la feule qui conferve à la femme, d'une maniere nette & précife, tous les droits de l'égalité.

Je n'ai nulle envie de recommencer les difcuffions que Pozzo a peu galamment appellées *paradoxes* dans fon ouvrage intitulé : *La femme meilleure que l'homme.* Mais il eft fi naturel, quand on confidere le prix de ce don du ciel qu'on appelle la beauté, de fe pénétrer de cette vive &

____

(1) Il a publié féparément les fragmens de Sapho, & les éloges qu'elle a reçus.

touchante image , qu'on en devint bientôt en-
thoufiafte : & lorfqu'on lit enfuite les livres faints ,
on n'eft plus étonné que la femme foit le complé-
ment des œuvres de Dieu ; qu'il ne l'ait produite
qu'après tout ce qui exifte ; comme s'il avoit voulu
annoncer qu'il alloit clore fon ouvrage fublime par
le chef-d'œuvre de la création. C'eft dans ce point
de vue , plus religieux que philofophique peut-
être , que je veux confidérer la femme.

Ce n'eft pas avec impétuofité que l'univers a
été créé. Il a été fait à plufieurs fois , afin que
fon merveilleux enfemble prouvât que fi la volonté feule du grand Être étoit la regle , il étoit
le Maître de la matiere , du tems , de l'action &
de l'entreprife. L'éternel Géometre agit fans néceffité , comme fans befoin ; il n'eft jamais ni con-
traint , ni embarraffé. On voit , pendant les fix
efpaces de la création , qu'il tourne , façonne , meut
la matiere fans peine , fans efforts ; & quand une
chofe dépend d'une autre , quand , par exemple ,
la naiffance & l'accroiffement des plantes dépendent de la chaleur du foleil , ce n'eft que pour
indiquer la liaifon de toutes les parties de l'univers , & développer fa fageffe par ce merveilleux
enchaînement.

Mais tout ce qu'enfeigne la Bible fur la création
de l'univers , n'eft rien en comparaifon de ce qu'elle

dit fur la production du premier être raifonnable. Jufqu'ici tout a été fait à commandement ; mais quand il s'agit de créer l'homme , le fyftême change , & le langage avec lui. Ce n'eft plus cette parole impérieufe & fubite ; c'eft une parole plus réfléchie & plus douce, quoique non moins efficace ; Dieu tient un confeil en lui-même , comme pour faire voir qu'il va produire un ouvrage qui furpaffera tout ce qu'il a créé jufqu'alors. *Faifons l'homme*, dit-il. Il eft évident que Dieu parle à lui-même. C'eft une chofe inouie dans toute la Bible , qu'aucun autre que Dieu ait parlé de lui-même en nombre plurier : *Faifons*. Dans toute l'écriture, Dieu ne parle ainfi que deux ou trois fois ; & ce langage extraordinaire ne commence à paroître que lorfqu'il s'agit de l'homme.

Cette création faite , il fe paffe un tems confidérable avant que ce nouvel être, à double fexe , reçoive le fouffle de vie ; ce n'eft qu'à la feptieme époque. Adam a exifté long-tems dans l'état de pure nature , & n'ayant que l'inftinct des animaux ; mais quand le fouffle lui fut infpiré, Adam fe trouvant le roi de la terre , il ufa de fa raifon , & *nomma toutes chofes.*

Voilà donc deux créations bien diftinctes ; celle de l'homme, celle de fon efprit ; & c'eft ici feulement que paroît la femme. Elle n'eft pas créée du néant comme tout ce qui a précédé ; elle sort de ce qui exiftoit de plus parfait ; il ne reftoit plus rien à créer ; Dieu extrait d'Adam le plus pur de fon effence , pour embellir la terre de l'être le plus parfait qui eut encore paru ; de celui qui complétoit l'œuvre fublime de la création.

Le mot dont le légiflateur Hébreu fe fert pour exprimer cet être , revient à *virago*, (1) que le François ne peut pas traduire, que le mot *femme* n'exprime point ; & qui ne peut fe fentir que par l'idée de *puiffance de l'homme*. Car *vir* fignifie homme , & *ago* j'agis. Autrefois on difoit *vira*, (2) & non *virago*. Mais les Septante ont prétendu que par le mot *vira* le fens de l'hébreu n'étoit pas rendu , ils ont ajouté *ago*. (3)

Je ne m'étonne donc point que Schurmann releve autant la condition du beau fexe , & s'indigne contre les fectes qui la dépriment. La parabole dont l'écriture fe fert en formant la femme de la côte d'Adam, n'a d'autre objet que celui de montrer que cette nouvelle créature ne fera qu'un

____

(1) Gen. ch. II , v. 23.

(2) Vira de vir.

(3) L'allemand a confervé l'ancien rit dans *männin* , qui vient de *mann*. *Männin* eft le vira , & non le virago. *Man vvird fie männin heiffen.* (Gen. II , v. 23.)

avec la perfonne de fon mari, qu’elle eft fon ame & fon tout. La tyrannie du fexe fort a pu feule altérer ces notions d’égalité.

Ces notions furent bien diftinctes dans le paganifme, puifque les anciens affocierent les deux fexes à la divinité : voilà ce qui eft bien conftaté indépendamment de tout fyftéme fur la mythologie. Si les païens mettoient l’homme dès le moment de fa naiffance fous la garde de la puiffance, de la fortune, de l’amour & de la néceffité, car c’eft-là ce que veulent dire *Dynamis*, *Tyché*, *Eros* & *Ananché*, ce n’étoit probablement qu’une allégorie ingénieufe pour exprimer notre condition ; car nous paffons notre vie à commander, à obéir, à defirer & à pourfuivre. Autrement, c’eût été confier l’homme à des guides bien extravagans ; car la puiffance eft la mere des injuftices, la fortune celle des caprices ; la néceffité produit les forfaits, & l’amour eft rarement d’accord avec la raifon.

Mais quelque enveloppés que puiffent être les dogmes du paganifme, il n’y a point de doutes fur la réalité du culte des divinités principales, & celui de Junon, femme & fœur du maître des dieux, fut un des plus univerfels & des plus révérés. Cette épithete de *femme* & de *fœur* montre affez fa toute-puiffance : celle qui donne les loix peut les

enfreindre. Ce fecret célebre & non moins commode de recouvrer fa virginité en fe baignant dans
la fontaine Canathus au Péloponefe , étoit une
preuve des plus frappantes de ce pouvoir qui légitime tout chez les dieux , comme chez les
hommes. Le tableau des vengeances de Junon,
expofé fans ceffe fur les théatres , propageoit la
terreur qu'infpiroit cette formidable déeffe. L'Europe , l'Afie , l'Afrique , les peuples barbares (1)
comme les policés , l'honorerent & la craignirent
à l'envi. On la regardoit comme une reine am-
bitieufe , fiere , jaloufe , partageant le gouvernement du monde avec fon époux , affiftant à
tous fes confeils , & redoutée de lui-même.

Un hommage fi univerfel , qui n'eft pas fans
doute le plus flatteur que l'on ait rendu à la beauté
faite pour féduire & non pour effrayer , prouve
du moins que dans les idées des premiers hommes
le trône du monde fut partagé entre les deux
fexes. (2) Un écrivain illuftre , du fiecle paffé,
a été plus loin ; il n'a pas fait difficulté de dire que
cette prééminence de Junon fur les autres dieux

____

(1) Elle étoit particuliérement honorée dans les
Gaules & dans la Germanie fous le titre de Déeffe-mere.

(2) On retrouveroit dans l'antiquité beaucoup d'u-
fages qui confirmeroient cette opinion. A Lacédémone,

étoit la véritable source d'où provenoient les excès d'adoration où des chrétiens sont tombés envers la sainte Vierge. Erasme lui-même a prétendu que la coutume de saluer la Vierge en chaire, après l'exorde du sermon, venoit des anciens. En général, les hommes cherchent à joindre aux idées spirituelles du culte, des idées sensibles qui les flattent, & qui bientôt après étouffent les premieres. Ils rapportent, & sont bien forcés de rapporter tout à leurs idées, puisqu'ils ne peuvent saisir qu'en raison de ces idées ; or ils savent qu'en tout pays on ne tire de la boue & de l'affection des rois rien autre chose que ce qu'ont résolu leurs ministres ; ils croient Dieu bon, mais mené, & envisagent la cour céleste sur le modele des autres. De là le culte de la Vierge bien plus approprié à l'esprit humain que celui du grand Être, aussi inexplicable qu'incompréhensible.

Aussi lorsque le peuple d'Éphese eut appris que les peres du concile avoient décidé que l'on pour-

---

par exemple, quand on alloit consommer le mariage, la femme mettoit un habit d'homme, parce que c'est la femme qui met les hommes au monde.

En Egypte, dans les contrats de mariages entre souverains, la femme avoit l'autorité du mari, (Diod. d. sic. l. I, ch. XXVII.) &c. &c.

roit appeller la Vierge *Sainte*, il fut tranfporté de joie. Dès-lors on rendit à la Mere de Dieu des hommages finguliers ; toutes les aumônes furent pour elle , & J. C. n'eut plus d'offrandes. Cette ferveur n'a jamais ceffé entiérement. Il y a en France trente-trois cathédrales dédiées à la Vierge , & trois métropolitaines. Louis XIII lui confacra fa perfonne , fa famille , fon royaume. A la naif-fance de Louis XIV il envoya le poids de l'enfant en or à Notre-Dame de Lorette, qu'on peut , fans impiété , croire s'être très-peu mêlée de la groffeffe d'Anne d'Autriche.

Quelque chofe de plus fingulier que tout cela , c'eft que dans le fecond fiecle de l'églife on fit le Saint-Efprit du fexe féminin. En effet , *rouats touach* , qui en hébreu veut dire *efprit*, eft fémi-nin , & ceux qui furent de ce fentiment s'appel-loient les *Eliéfaïtes*.

Sans donner aucun prix à cette opinion erronnée , je remarquerai que les Juifs n'ont jamais eu d'i-dées du myftere de la Trinité. Les apôtres mêmes ont été fortement perfuadés du dogme de l'unité de Dieu fans modifications ; ce n'eft que dans les derniers momens que J. C. leur a révélé ce myf-tere. Or , quand Dieu a voulu envoyer fur la terre l'une des trois perfonnes de la Trinité , il pouvoit l'envoyer fans l'incarner ; il pouvoit envoyer la perfonne du Pere , ou du Saint-Efprit , comme du Fils ; il pouvoit l'incarner dans un homme comme dans une fille. Le choix divin femble une forte de préférence ou d'attention pour la femme. J. C. a eu une mere , il n'a point eu de pere. La premiere perfonne à qui il parla fut la Samaritaine ; la premiere à laquelle il fe montra après fa réfurrection fut Marie – Madeleine , &c. Enfin , le Sauveur a toujours eu pour les femmes une prédilection bien honorable à leur fexe.

Mais l'hommage vraiment flatteur pour lui , l'invention vraiment utile pour les fociétés , feroit que l'on trouvât les moyens les plus propres à rendre la beauté la récompenfe de la vertu , à l'en animer elle-même , pour que tous les hommes fuffent excités à faire le bien de leurs freres , & par les plaifirs de l'ame & par ceux des fens , pour que toutes les facultés dont l'Être fuprême a doué notre efpece , concouruffent à nous faire aimer fes juftes & bienfaifantes loix. Il n'eft pas abfolument impoffible d'arriver un jour à ce but , fi vivement defiré par le patriotifme , par la fageffe , par la raifon ; mais Dieu , combien nous en fommes loin encore !

LA

LA TOPROÏDE.

LA TOPROÏDE.

LA dépravation des mœurs , la corruption du cœur humain, les égaremens de l'esprit de l homme font des textes tellement rebattus par nos rigoriftes , que l'on croiroit que le fiecle actuel eft l'abomination de la défolation ; car la langue françoife ne fournit aucune expreffion énergique que nos fermoneurs ne nous prodiguent. Cependant fi l'on veut jeter un coup-d'œil impartial fur les fiecles paffés , fur ceux-là même qu'on nous offre pour modeles , je doute que l'on trouve beaucoup à regretter. Nos manieres & nos mœurs , par exemple , valent bien celles du peuple de Dieu ; & je ne fais ce que diroient nos déclamateurs, s'ils voyoient parmi nous une corruption auffi fale que celle qui fe rapproche du beau fiecle des patriarches.

Je veux que les loix de Moyfe aient été fages, juftes, bienfaifantes ; mais ces loix affifes fur le tabernacle , & dont le but paroît avoir été de lier la fociété des Hébreux entr'eux par la fociété de l'homme avec Dieu, prouvent invinciblement que

D 2

ce peuple élu, chéri, préféré, étoit bien plus in-
firme que tout autre, comme nous le montrerons
dans la fuite de cet article.

On ne réfléchit point affez que tout eft relatif.
Aucun établiffement ne peut marcher felon l'efprit de fon inftitution, s'il n'eft dirigé par la loi du
devoir, qui n'eft autre chofe que le fentiment de
ce devoir. Le véritable reffort de l'autorité eft
dans l'opinion, & dans le cœur des fujets ; d'où il
fuit que rien ne peut fuppléer aux mœurs pour le
maintien du gouvernement : il n'y a que les gens
de bien qui fachent adminiftrer les loix ; mais il
n'y a que les honnétes gens qui fachent véritablement leur obéir. Car outre qu'il eft très-facile de
les éluder, outre que ceux dont elles font l'unique
confcience font très-loin de la vertu & même
de la probité, celui qui brave les remords fait braver les fupplices, châtiment bien moins long que
le premier, auquel on peut d'ailleurs toujours efpérer d'échapper. Mais quand l'efpoir de l'impunité
fuffit pour encourager à enfreindre la loi, ou quand
on eft content pourvu qu'on l'ait éludée, l'intérêt
général n'eft plus celui de perfonne, & tous les intérêts particuliers fe réuniffent contre lui ; les vices
ont alors infiniment plus de force pour énerver
les loix, que les loix pour réprimer les vices. On
finit par n'obéir au légiflateur qu'en apparence.

A cette époque, les meilleures loix font les plus funeftes, puifque fi elles n'exiftoient pas, elles feroient une reffource que l'on auroit encore. Foible reffource cependant ! Car les loix plus multipliées font plus méprifées, & de nouveaux furveillans deviennent autant de nouveaux infracteurs.

L'influence des loix eft donc toujours proportionnelle à celle des mœurs ; c'eft une vérité connue & inconteftable ; mais ce mot de *mœurs* eft bien vague, & demanderoit une définition.

Les mœurs font & doivent être très-variables d'une contrée à l'autre, abfolument relatives à l'efprit national & à la nature du gouvernement. Le caractere des adminiftrateurs y influe beaucoup auffi, & c'eft dans tous ces rapports qu'il faut les envifager. Si le prix de la vertu, par exemple, eft celui du brigandage ; fi les hommes vils font accrédités, les dignités proftituées, le pouvoir ravalé par fes difpenfateurs, les honneurs déshonorés, il eft certain que la contagion gagnera tous les jours, que le peuple s'écriera en gémiffant : *mes maux ne viennent que de ceux que je paie pour m'en garantir :* & que pour s'étourdir il fe précipitera dans la corruption que l'on provoquera de toutes parts pour étouffer fes murmures.

Si au contraire les dépofitaires de l'autorité

dédaignent l'art ténébreux de la corruption, &
n'attendent leurs succès que de leurs efforts, & la
faveur publique que de leurs succès, les mœurs
seront bonnes & suppléeront au génie du chef;
car plus *l'esprit public* a de ressorts, & moins
les talens sont nécessaires. L'ambition même est
mieux servie par le devoir que par l'usurpation,
& le peuple, convaincu que ses chefs ne tra-
vaillent que pour son bonheur, les dispense par
sa docilité de travailler à l'affermissement du
pouvoir.

J'ai dit que les mœurs devoient être relatives
à la nature du gouvernement; c'est donc encore
sous ce point de vue qu'il en faut juger. En
effet, dans une république qui ne peut subsister
que par l'économie, la simplicité, la frugalité, la
tolérance, l'esprit d'ordre, d'intérêt, d'avarice
même, doit dominer, & l'état sera en danger,
lorsque le luxe viendra polir & corrompre les
mœurs.

Dans une monarchie limitée, au contraire, la
liberté sera regardée comme un si grand bien, &
comme un bien toujours si menacé que toute guerre, toute opération entreprise pour la soutenir,
pour étendre ou défendre la gloire nationale, ne
trouvera que peu de contradicteurs. Le peuple sera
fier, généreux, opiniâtre; & la débauche &

le luxe le plus effréné n'énerveront pas l'efprit public.

Dans une monarchie très-abfolue , qui feroit le plus févere , le plus complet des defpotifmes , fi le beau fexe n'y donnoit pas le ton ; la galante-rie , le goût de tous les plaifirs, de toutes les fri-volités eft tout naturellement & fans danger le caractere national ; & les déclamations vagues fur ces imperfections morales font vuides de fens.

Ceci pofé, examinons rapidement fi nos mœurs, & quelques-uns de nos ufages comparés avec ceux de plufieurs grands peuples , doivent paroître fi déteftables. (1)

On voit au premier coup-d'œil dans le léviti-que à quel degré le peuple Juif étoit corrompu. On fait que ce mot *lévitique* vient de *Lévi*, qui étoit le nom de la tribu féparée des autres , comme étant fpécialement confacrée au culte ; d'où font venus les lévites ou prêtres , & l'habillement d'au-jourd'hui qui porte ce nom, fans être un monument bien authentique de notre piété. Moyfe traite dans ce livre des confécrations , des facrifices , de l'im-pureté du peuple , du culte , des vœux , &c.

---

(1) On verra ci-après dans la *Linguan-manie* des chofes plus frappantes encore que les mœurs du peu-ple de Dieu que nous allons expofer.

[56]

J'obferverai en paffant que la forme de la con-
fécration chez les Hébreux étoit finguliere. Moyfe
fit fon frere Aaron grand-prêtre. Pour cet effet
il égorgea un bélier , trempa fon doigt dans le
fang , en mit fur l'extrêmité de l'oreille droite
d'Aaron & fur fes pouces droits. Si l'on voyoit
aujourd'hui le cardinal de Rohan confacrer dans
la chapelle l'évêque de Senlis , & lui porter avec
le doigt du fang tout chaud fur le bout de l'o-
reille , (1) on ne pourroit guere s'empêcher de
fe rappeller la gravure de l'abbé Dubois fous la
régence ; on le voyoit à genoux aux pieds d'une
fille qui prenoit de ce fale écoulement qui afflige
les femmes tous les mois, pour lui en rougir la ca-
lotte & le faire cardinal.

Tout le chapitre XV du lévitique ne roule que
fur la gonorrhée à laquelle les Hébreux étoient
fort fujets. La gonorrhée & la lepre n'étoient
pas leurs moins défagréables impuretés ; & ils
en avoient affez de réelles , fans en créér tant
d'imaginaires. Par exemple , une femme étoit plus
impure pour avoir mis au monde une fille plutôt
qu'un garçon. (2) Voilà une fingularité auffi
peu raifonnable que bizarre.

---

(1) Lev. ch. VIII, v. 24.
(2) Ibid. ch. XII, v. 5.

Les Hébreux forniquoient avec les démons fur la forme des chevres ; (1) ces démons mal appris ufoient là d'une vilaine métamorphofe.

Un fils couchoit avec fa mere & prêtoit *main-forte* à fon pere : (2) nous ne portons pas encore à ce degré l'amour filial. Un frere voyoit fans fcrupule fa fœur dans la plus profonde intimité. (3)

Un grand-pere habitoit avec fa petite-fille. (4) Ce qui n'étoit pas très-anacréontique.

On couchoit avec fa tante , (5) avec fa bru , (6) avec fa belle-fœur , (7) ce n'étoient là que peccadilles ; enfin on jouiffoit de fa propre fille. (8)

Les hommes fe polluoient devant la ftatue de Moloch , (9) puis on trouva que cette femence inanimée n'étoit pas digne de la ftatue ; on finit par lui offrir en facrifice l'enfant tout venu.

---

(1) Lév. ch. XVII , v. 7.

(2) Ibid. ch. XVIII , v. 7.

(3) Idem , v. 9.

(4) Id. v. 10.

(5) Id. v. 12.

(6) Id. v. 15.

(7) Id. v. 16.

(8) Id. v. 17.

(9) Id. v. 21. *De femine tuo non dabis idolo Mo-loch* ; & ch. XX, v. 3 : *Qui polluerit fanctuarium.*

[58]

Les hommes fe fervoient de femmes entr'eux (1) comme les pages du régent.

Ils ufoient de toutes les bêtes, (2) & le beau fexe fe faifoit fervir par les ânes, les mulets, &c. (3) Ce qui étoit d'autant plus mal-honnête que l'on paroiffoit avoir formé la tribu des prêtres de ma- niere à intéreffer les femmes mal pourvues. On ne recevoit point lévites les boiteux, les boffus, les chaffieux, les lépreux ; ceux qui avoient le nez trop petit, tors, &c. il falloit un beau nez. (4)

On voit par cet échantillon ce qu'étoient les mœurs du peuple de Dieu ; il eft certain qu'on ne peut les comparer à nos manieres. Mais il ne me paroît pas que d'après cette efquiffe d'un parallele, qu'on puurroit pouffer beaucoup plus loin, il y ait tant à fe récrier fur ce qui fe paffe de nos jours.

Les efprits forts ne font guere moins éxagé- rateurs en parlant de nos coutumes fuperftitieu- fes, que les prédicateurs en invectivant contre nos

____

(1) Lév. ch. XVIII, v. 22. *Cum mafculo coïtu fœ- mineo.*

(2) Id. v. 23. *Omni pecore.*

(3) *Mulier jumento.* Et l'on fait que dans l'écriture fainte, *jumentum* veut dire *bêtes d'aides : adjuvantes :* d'où jument.

(4) Lévit. ch. XXI, v. 18.

vices. Nous avons le trifte avantage de n'avoir été furpaffés par aucune nation dans les fureurs du fanatifme ; mais les délires de la fuperftition ont été portés plus loin dans d'autres religions.

On ne voit pas chez nous de contemplatifs, qui fur une natte attendent en l'air que la lumiere célefte vienne inveftir leur ame. On ne voit point d'énergumenes profternés qui frappent du front contre terre pour en faire fortir l'abondance ; de pénitens immobiles & muets comme la ftatue devant laquelle ils s'humilient. On n'y voit point étaler ce que la pudeur cache , fous le prétexte que Dieu ne rougit pas de fa reffemblance ; ou fe voiler jufqu'au vifage , comme fi l'ouvrier avoit horreur de fon ouvrage ; nous ne tournons point le dos au midi à caufe du vent du démon ; nous n'étendons pas les bras à l'orient pour y découvrir la face rayonnante de la divinité ; nous n'appercevons pas , du moins en public , de jeunes filles en pleurs meurtrir leurs attraits innocens , pour appaifer la concupifcence , par des moyens qui le plus fouvent la provoquent ; d'autres étalant leurs plus fecrets appas attendre & folliciter dans la pofture la plus voluptueufe les approches de la divinité ; de jeunes hommes pour amortir leurs fens s'attacher aux parties naturelles un anneau proportionné à leurs forces ; quelques-uns arréter la tentation par l'opéra-

[60]

tion d'Origene, & suspendre à l'autel les dépouilles
de cet horrible sacrifice. . . . Nous sommes assu-
rément bien éloignés de tous ces écarts.

Que diroient nos déclamateurs, si des bois sacrés plantés auprès de nos églises comme autour de
leurs temples, étoient le théatre de toutes les dé-
bauches ? si l'on obligeoit nos femmes à se prostituer, au moins une fois, en l'honneur de la divinité ? Et l'on peut juger si la dévotion naturelle
au beau sexe lui permettoit, au tems où c'étoit
la coutume, de s'en tenir là.

S. Augustin rapporte, dans sa Cité de Dieu, (1)
que l'on voyoit au capitole des femmes qui se des-
tinoient aux plaisirs de la divinité dont elles de-
venoient communément enceintes ; il se peut que
chez nous aussi plus d'un prêtre desserve plus d'un
autel ; mais du moins il ne se déguise pas en dieu.
L'illustre pere de l'église que je viens de citer ajoute
dans le même ouvrage plusieurs détails qui prouvent, que si la religion couvre chez les modernes
bien des séductions, le culte des anciens n'étoit
pas du moins aussi décent que le nôtre. En Italie,
dit-il, & sur - tout à Lavinium, dans les fêtes de
Bacchus, on portoit en procession des membres
virils, sur lesquels la matrone la plus respectable

_____

(1) Liv. VI. ch. IX.

[61]

mettoit une couronne. Les fêtes d'Isis étoient tout aussi décentes.

S. Auguftin donne au même endroit une longue énumération des divinités qui préfidoient au mariage. Quand la fille avoit engagé fa foi , les matrones la conduifoient au dieu Priape , dont on connoît les propriétés furnaturelles : on faifoit affeoir la jeune mariée fur le membre énorme du dieu : là, on ôtoit fa ceinture & l'on invoquoit la déeffe *Virginientis*. Le dieu *Subigus* foumettoit la fille aux tranfports du mari. La déeffe *Préma* la contenoit fous lui pour empêcher qu'elle ne remuât trop. (On voit que tout étoit prévu , & que les filles Romaines étoient bien difpofées.) Enfin venoit la déeffe *Pertunda* , ce qui revient à Perforatrice , dont l'emploi , dit S. Auguftin, étoit d'ouvrir à l'homme le fentier de la volupté. Heureufement cette fonction étoit donnée à une divinité femelle ; car , comme le remarque très-judicieufement l'évêque d'Hippone, le mari n'auroit pas fouffert volontiers qu'un dieu lui rendît ce fervice , & qu'il lui donnât du fecours dans un endroit où trop fouvent il n'en a pas befoin.

Encore une fois, nos coutumes font-elles moins décentes que celles-là ? Et pourquoi exagérer nos torts & nos foibleffes ? Pourquoi porter la terreur dans l'ame des jeunes filles , & la méfiance dans

celle des maris ? Ne vaut-il pas mieux tout adou-
cir, tout concilier ? Ces bons cafuiftes font plus
accommodant que cela ! Lifez entre tant d'autres
le jéfuite Filliutius, qui a difcuté avec une extrême
fagacité jufqu'à quel degré peuvent fe porter les
attouchemens voluptueux, fans devenir criminels. Il décide, par exemple, qu'un mari a beaucoup moins à fe plaindre, lorfque fa femme s'a-
bandonne à un étranger d'une maniere contraire
à la nature, que quand elle commet fimplement
avec lui un adultere & fait le péché comme Dieu
le commande ; *parce que*, dit Filliutius, *de la
premiere façon on ne touche pas au vafe légitime, fur lequel feul l'époux a des droits exclu-
fifs....* O qu'un efprit de paix eft un précieux don
du ciel !

LE THALABA.

LE

LE THALABA.

Un des plus beaux monumens de la fageffe des anciens, eft leur gymnaftique. C'eft par-là fur-tout qu'ils paroiffent avoir été plus curieux de prévenir que de punir. Grande fcience en politique! Les ennemis, difoient les Athéniens, font faits pour punir les crimes, les citoyens pour maintenir les mœurs. De là l'attention prévoyante & falutaire fur l'éducation de la jeuneffe. La premiere explofion des paffions & leur fougue donnent à cet âge impétueux les plus fortes fecouffes; il lui faut une éducation mâle, mais dont l'âpreté foit adoucie par de certains plaifirs, analogues au grand objet de former des hommes. Or, il n'y a que les exercices du corps, où fe trouve cet heureux mélange de travail & d'agrément, dont la partie conftante occupe, amufe, fortifie le corps & par conféquent l'ame.

Dans les pays où les fortunes font très-inégales, les dernieres claffes de la fociété font toujours affez ftimulées par le befoin, pour ne pas redouter l'engourdiffement de l'oifiveté & la molleffe qui

en eft la fuite. Mais les riches en font prefqu'iné-
vitablement la proie, fi une inflitution univerfelle
& publique ne les foumet pas à une éducation active,
qui foit un foyer continuel d'émulation, & une
digue contre ce qui, dans les richeffes, & leur
jouiffance, & leur abus, tend fans ceffe à énerver.
Les fentimens énergiques & généreux germent
rarement dans des corps affoiblis, & l'ame d'un
Spartiate feroit bien mal logée dans le corps d'un
Sybarite. Auffi tous les peuples féconds en héros
ont été ceux dont l'éducation martiale, les inflitutions fortes, la gymnaftique perfectionnée & di-
rigée felon les vues politiques du gouvernement,
aiguifoient l'émulation & la vigueur.

Ces inflitutions précieufes font prefqu'oubliées aujourd'hui. A Paris, par exemple, il y a bien quarante
mille filles enregiftrées à la police pour éduquer
la jeuneffe; mais il n'y a pas dans cette immenfe
capitale une feule bonne académie où l'on puiffe
apprendre à monter à cheval; aucun exercice,
fi ce n'eft l'efcrime, la danfe & la paume, n'y
font pratiqués, & nous avons fu rendre ceux-là
affez nuifibles. Il fuit de là & de bien d'autres
caufes, que je ne prétends point énumérer, que
nos paffions, ou plutôt nos defirs & nos goûts,
(car nous n'avons guere de paffions) l'emportent,
& de beaucoup, fur toute vertu morale.

Parmi ces defirs, le plus violent fans doute eft celui qui porte un fexe vers l'autre. Cet appétit nous eft commun avec tout ce qui eft créé, animé ou non animé. La nature a veillé en mere tendre & prévoyante, à la confervation de tout ce qui exifte. Mais il eft arrivé parmi les hommes, ces êtres par excellence, qui le plus fouvent ne paroiffent doués d'intelligence que pour en abufer, ce qu'on n'a jamais remarqué parmi les autres animaux; c'eft de tromper la nature en jouiffant du plaifir attaché à la propagation de l'efpece, & en négligeant le but de cet attrait; ainfi nous avons féparé la fin des moyens; & l'impulfion de la nature prolongée par les efforts de notre imagination, nous a preffé, fans égard pour les tems, les lieux, les circonftances, les ufages, le culte, les coutumes, les loix, toutes les entraves enfin que l'homme s'eft données; elle n'a pas confulté davantage le coftume des états & des âges; car les vieillards deviennent continens, mais rarement chaftes.

Cette maniere d'éluder les fins de la nature a eu différens principes; la fuperftition qui, de fon mafque hideux, a couvert prefque tous nos vices & nos folies; diverfes caufes morales; la philofophie même.

Des hérétiques en Afrique s'abftenoient de leurs

femmes , & leur pratique diſtinctive étoit de n'a-
voir aucun commerce avec elles. Ils ſe fondoient ,
1º. ſur ce qu'Abel étoit mort vierge , & prirent
le nom d'Abéliens. 2º. Sur ce que S. Paul prêchoit
qu'il falloit être avec ſa femme comme ſi l'on
n'en avoit point. (1) Aucun délire ſuperſtitieux
ne ſauroit étonner ; mais l'abus de la philoſophie
à cet égard eſt bien ſingulier , c'eſt l'ouvrage des
cyniques.

Il eſt bizarre que des hommes inſtruits , & d'une
raiſon exercée , ayant voulu tranſporter dans la ſo-
ciété les mœurs de l'état de nature , qu'ils n'aient
point apperçu , ou qu'ils ſe ſoient peu ſouciés du
ridicule qu'il y avoit à affecter parmi des hommes
corrompus & délicats , la ruſticité des ſiecles de l'a-
nimalité. Des femmes mêmes ſéduites par une philoſophie ſi groteſque , ou plutôt par l'amour qu'inſ-
piroient les auteurs de cette doctrine , (2) lui ſacri-
fierent cette honte . cette pudeur mille fois plus
enracinée dans le cœur des femmes que la chaſteté
même.

Tant qu'il ne s'agiſſoit que du devoir conjugal ,
les cyniques avoient du moins quelques ſophiſmes
à alléguer. Mais quand Diogene , qui déraiſonnoit

____

(1) Aux Cor. 6 , 7 , 8 , 29.
(2) Hypparchia , &c.

[69]

avec beaucoup de raiſon, tranſporta cette morale
au fond de ſon tonneau, quels purent être ſes ſophiſmes ? L'orgueil de braver les préjugés , & l'eſpece de gloire que l'homme eſclave en tout & toujours ami de l'indépendance, y attache, furent
apparemment ſes vrais motifs. L'ombre du ſecret,
de la honte, des ténebres lui auroit attiré des dénominations injurieuſes, des perſécutions; ſon
impudence l'en garantit. Comment imaginer qu'un
homme penſe qu'il y ait du mal à faire & à dire
ce qu'il fait & dit au grand jour ? Comment
pourſuivre un homme qui vous dit froidement :
« c'eſt un beſoin très-impérieux ; je ſuis heureux
» de trouver en moi-même ce qui porte les au-
» tres hommes à faire mille dépenſes & mille
» crimes. Si tout le monde m'eût reſſemblé,
» Troie n'auroit pas été priſe, ni Priam égorgé
» ſur l'autel de Jupiter. » Ces raiſons & beaucoup
d'autres paroiſſent avoir ſéduit quelques-uns de ſes
contemporains. Galien cherche plus à le juſtifier
qu'à le condamner. Il eſt vrai que la mythologie
avoit en quelque ſorte conſacré l'onaniſme. On
racontoit que Mercure ayant eu pitié de ſon fils
Pan, qui couroit nuit & jour par les montagnes,
éperdu d'amour pour une maîtreſſe (1) dont il

____

(1) Écho.

ne pouvoir jouir, lui enseigna cet insipide soula-
gement que l'on apprit ensuite aux bergers.

Ce qui est plus singulier que l'indulgence de
Galien, c'est la fin de la fameuse Laïs qui prodi-
guoit à Diogene, à ce Diogene souillé par tant
de jouissances impures, les faveurs que toute la
Grece auroit acheté son poids de l'or, & qui trompa
pour lui l'aimable & sage Aristipe. Peut-être s'il
lui fût arrivé la même aventure qu'à cette fille
qui, ayant trop long-tems fait attendre le cyni-
que, trouva qu'il s'étoit passé d'elle & n'en avoit
plus besoin, peut-être Laïs se seroit-elle montrée
plus sévere contre l'onanisme ?

On sait d'où vient ce mot *onanisme* : *Onan*
dans l'Écriture sainte répandoit sa semence sur la
terre; (1) mais ses raisons pouvoient être préfé-
rables à celles de Diogene. Juda eut de Sué trois
fils : Her, Onan & Séla. Il voulut postérité; il s'y
prit singuliérement, mais il en vint à bout. Il fit
épouser son fils ainé Her à Thamar; Her étant
mort sans enfans, Juda voulut qu'Onan couchât
avec sa belle-sœur, à condition que ses enfans
s'appelleroient Her du nom de l'ainé. Onan refusa,
& pour éluder les fins de la nature, chaque fois
qu'il couchoit avec Thamar, il commençoit par ré-

---

(1) Gen. ch. XXXVIII.

pandre de côté fa libation. Il mourut. Juda fit épou-
fer à Thamar fon troifieme fils Séla, qui mourut
encore fans enfans. Juda s'obftina & fe chargea
de la befogne dont il paroît avoir été très-digne,
car il engroffa fa fille, de maniere qu'elle conçut
deux jumeaux. Le premier préfenta fa main fur laquelle la fage-femme noua un ruban d'écarlate,
comme devant être l'ainé; mais ce petit bras fe
retira & l'autre enfant parut le premier; d'où il fut
appellé Pharès. (1)

Les peres voient la figure de Noé dans Pharès;
Noé, repréfentation de J. C. qui a paru comme le
petit bras, & dont le corps ne devoit naître que
pour la nouvelle loi. Mais ce que les peres voient
de plus clair à tout cela, c'eft que par l'aventure
de la femence qu'Onan dépofoit de côté, J. C. fe
trouve né de Ruth étrangere, Rahab courtifanne,
Bethfabée adultere, & Thamar inceftueufe du
pere à la fille. (2) Mais revenons.

On voit que l'onanifme eft, finon confacré, du
moins étayé par de grands & antiques exemples.

Les caufes morales qui le provoquent le plus
communément, font ou la crainte de donner la

---

(1) Celui qui avoit le ruban & fortit le fecond, fut
nommé Zara, qui veut dire Orient.

(2) Saci, page 817, édit. in-8.

E 4

vie à des êtres, qui par des circonstances particulieres seroient malheureux, ou celle des contacts
vénéneux ; car on croit, sans que cela soit bien
prouvé, que le virus ne fait aucune impression sur
les parties du corps qui sont revêtues de la peau
toute entiere ; mais seulement sur celles qui en
sont dépourvues.

Ces circonstances & beaucoup d'autres poussant
à ne céder à ce sentiment si vif, qui porte l'homme
à la propagation de lui-même, qu'en négligeant
le but de la nature, les moyens de la tromper sont
devenus passion chez quelques-uns, besoin chez
beaucoup d'autres. Le sommeil provoque aux célibataires les songes les plus voluptueux ; l'imagination aiguisée & flattée par ces illusions décevantes,
qui conduisent à une réalité mutilée, mais aussi
dépourvue des inconvéniens qui rendent souvent
si dangereux un bonheur plus complet, a embrassé
avec ardeur cette maniere de donner le change
à ses desirs. Les deux sexes rompant en quelque
sorte les liens de la société, ont imité ces plaisirs
auxquels ils se refusoient à regret, & les rempla-
çant par leurs propres efforts, ils ont appris à se
suffire. Ces plaisirs isolés & forcés sont devenus
une passion violente par la commodité de l'assouvir, qui a tourné à son profit la force de l'habitude, si puissante sur l'humanité. Alors ils sont

devenus très-dangereux, tant qu'ils n'ont été déterminés que par le befoin, quand une imagination plus voluptueufe que bouillante les a produits. Aucun accident n'en a été la fuite; il n'y a point eu de mal phyfique à ce penchant, & la morale en certains cas auroit pu lui montrer quelque indulgence. (1) Les anciens juges, peut-être peu fcrupuleux, mais juges philofophes, penfoient que lorfqu'on le contenoit dans ces bornes, on ne violoit pas la continence. Galien foutient, comme on a vu, que Diogene qui recouroit publiquement à ce fecours, étoit fort chafte; il n'ufoit de cette pratique, dit-il, que pour éviter les inconvéniens de la femence retenue.

Mais il eft bien rare que dans ce qu'on accorde aux fens on garde un jufte milieu. Plus on fe livre à fes defirs, plus on les aiguife; plus on leur obéit, plus on les irrite. Alors l'ame enivrée de molleffe & continuellement abforbée dans des idées voluptueufes, détermine fans ceffe les efprits ani-

---

(1) Le marquis de Santa-Crux, par exemple, commence fon livre de l'Art de la guerre par dire : *que la premiere qualité indifpenfable à un grand général, c'eft de favoir fe br. le v.*, parce que cela épargne dans une armée, & fur-tout dans une ville de guerre, tous les caquetages & les indifcrétions de femmes qui finiffent toujours par tout perdre.

maux à fe porter au fiege de la jouiffance. Les parties qui produifent le plaifir deviennent plus mobiles par les attouchemens répétés, plus dociles aux écarts de l'imagination ; les éreΩions deviennent continuelles, les pollutions fréquentes & la difperdition de la vie exceffive.

Il arrive trop fouvent que la paffion dégénere en fureur. Les objets qui lui font analogues & l'alimentent fe préfentent fans ceffe à l'efprit ; or, on ne peut croire à quel point cetle attention à un feul objet énerve, affoiblit. D'ailleurs cette fituation des parties de la génération entraîne, même fans pollution, une très-grande diffipation des efprits animaux. Les éreΩions trop rapprochées, lors même qu'elles ne font pas fuivies de l'évacuation de la femence, épuifent prodigieufement. Il y a en ce genre des exemples frappans & inconteftables. Il faut encore obferver que l'attitude des onaniffes ne contribue pas peu à l'affoibliffement qui réfulte de leurs opérations folitaires, & à l'irritabilité des organes. La nature ne peut jamais perdre fes droits, ni laiffer outrager impunément fes loix. Des jouiffances partagées, même exceffives, feront plutôt fupportées par elle, qu'un ftratagême ftérile par lequel on s'efforce de la contraindre. La fatisfaΩion de l'efprit & du cœur aide une prompte réparation des pertes que les délires de l'imagination occafionnent & ne peuvent jamais remplacer.

Mais la morale eft toujours foible contre la paffion. Quand ce goût bizarre a été connu, on s'eft beaucoup plus occupé à perfectionner ce qui pouvoit le fatisfaire, qu'à réfléchir fur ce qui pourroit le réprimer ; & l'on a fenti que les deux fexes s'aidant mutuellement, devoient rapprocher davantage la jouiffance ifolée, des charmes d'une jouiffance mutuelle.

Cet art fingulier fut cultivé de tout tems, & l'eft encore dans la Grece. Il y eft d'ufage de s'affembler après les repas. On fe couche en rond fur un grand tapis ; tous les pieds font dirigés vers le centre, où dans la faifon froide on établit un trépied qui porte un brafier. Un fecond tapis vous recouvre jufqu'aux épaules: là les jeunes Grecques trouvent le moyen de fe déchauffer fans qu'on s'en apperçoive, & rendent aux hommes, avec leurs pieds, un fervice dont beaucoup de femmes s'acquittent très-gauchement avec leurs mains.

En effet, ce talent n'eft pas donné à toutes. Quelques-unes en ont fait à Paris une étude particuliere, après une expérience confommée & une multitude d'effais. Auffi les jeunes filles qui ont la noble émulation de prétendre à une réputation en ce genre, ont grand foin d'aller prendre des leçons ; mais toutes n'y réuffiffent pas. Il eft certain qu'il s'offre ici des difficultés de plus d'un genre.

Il ne s'agit pas d'un fentiment que l'être de la fille tranfmette; elle ne fait que le provoquer. Ce n'eft pas une fenfation qu'elle communique par l'impulfion de fon corps; c'eft une fenfation que l'homme doit goûter en lui-même par l'imagination de cette fille, & qui ne devient exquife qu'autant qu'elle peut par fon art prolonger la jouiffance. Ce plaifir s'éteint avec l'acte, parce que l'homme jouit feul. Les délices du plaifir de la nature, au contraire, précedent & fuivent l'union intime des amans. La fille qui préfide à la jouiffance partielle, ne doit donc s'occuper qu'à amener, exciter, entretenir une fituation qui lui eft étrangere, puis à la fufpendre, à en retarder l'effet loin de l'accélérer, bien moins encore de le provoquer. Toutes fes careffes doivent être modifiées avec des nuances infiniment délicates; la complaifante prêtreffe ne peut pas s'abandonner à ces tranfports bouillans qu'elle fe permettroit fi elle étoit unie au facrificateur.

On fent bien que ce procédé ne fauroit avoir lieu vis-à-vis de ces jeunes gens fougueux que leur impétuofité entraîne, & qui ne recherchent dans ces fortes de jouiffances que la convulfion du plaifir; il ne peut fervir qu'avec ceux en qui, dans un âge mûr, le grand feu du tempérament fe trouve amorti & l'imagination plus exercée : ils veulent jouir du plaifir avec toutes les fenfations & les nuances qu'offre ce genre de volupté.

Il y a parmi les hommes, tout auffi bien que chez les femmes, une très - grande variété de tempérament ; quelques-uns font d'une lafciveté que l'on ne fauroit exprimer. Ceux qui avec du tempérament favent fe contenir & ont le gland recouvert, confervent une falacité digne des anciens fatyres : la raifon en eft fimple ; le gland qui forme le fiege de la volupté, s'entretient dans un état de fenfibilité exquife, par le féjour continuel de la liqueur limphatique qui le lubrifie, au lieu qu'il devient dur & calleux avec l'âge chez ceux qui l'ont découvert, qu'on a circoncis ou qui ont naturellement le prépuce plus court ; car chez eux cette liqueur préparatoire qui s'échappe exifte en pure perte.

Or une fille inftruite dans l'art du Thalaba, ne fe conduira pas avec un homme de cette claffe comme avec un autre Figurez-vous les deux acteurs nus dans une alcove entourée de glaces & fur un lit à pente fuivie ; la fille adepte évite d'abord avec le plus grand foin de toucher les parties de la génération : fes approches font lentes, fes embraffemens doux, les baifers plus tendres que lafcifs, les coups de langue mefurés, le regard voluptueux, les enlacemens de fes membres pleins de grace & de molleffe ; elle excite des doigts un léger prurit fur les bouts des tetons ; bientôt elle apperçoit que l'œil devient humide ; elle fent que l'érection eft par-tout établie ; alors elle porte légérement le pouce fur l'extrêmité du gland qu'elle trouve baigné de fa liqueur limphatique ; de cette extrêmité le pouce defcend doucement fur la racine, revient, redefcend, fait le tour de la couronne ; elle fufpend enfuite, fi elle s'apperçoit que les fenfations augmentent avec trop de rapidité ; elle n'emploie alors que des tetillations générales ; & ce n'eft qu'après les attouchemens fimultanés & immédiats de la main, puis des deux, & les approches de tout fon corps, que l'érection devenant trop violente, elle juge l'inftant dans lequel il faut laiffer agir la nature ou l'aider, ou la provoquer pour arriver au but ; parce que le fpafme qui s'établit dans l'homme devient fi vif & l'appétit fenfitif fi violent, qu'il tomberoit en fyncope fi l'on n'y mettoit fin.

Mais pour atteindre à ce genre de perfection, à ce ton de jouiffance, il faut que cette fille s'oublie pour étudier, fuivre & faifir toutes les nuances de volupté que l'ame du Thalaba parcourt, pour ufer des raffinemens fucceffifs qu'exigent ces aceroiſſemens de jouiſſances qu'elle a fait naître. On ne parvient ordinairement à quelque degré de perfection dans cet art, que par un tact fin, par un toucher précis, qui dans ces occaſions font les ſeuls & véritables juges.... Mais qui le ſera du réſultat de cette œuvre de volupté? --- Sera-ce Martial, le licentieux Martial?.... Je l'entends s'écrier:

Ipſam crede tibi naturam dicere rerum,
Iſtud quod digitis, pontice, perdis, homo eſt. (1)

La nature elle-même & t'arrête & te crie:
Ce que répand ta main eût mérité la vie.

Cela eſt beau & vrai: cependant les poëtes ne font pas autorité dans les choſes qui doivent être décidées par la raiſon.

Le principe général & peut-être unique de morale, eſt que *mal eſt ce qui nuit.* L'adultere n'eſt pas ſi loin de la nature, & eſt un beaucoup *plus grand mal* que l'onaniſme. Celui-ci ne ſauroit être dangereux qu'à la jeuneſſe, quand il altere ſa ſanté; mais il peut ſouvent être très-utile à la morale; la perte d'un peu de ſperme n'eſt pas en ſoi un plus grand mal, n'en eſt pas même un ſi grand que celle d'un peu de fumier qui eût pu faire venir un chou. La plus grande partie en eſt deſtinée par la

---

(1) Epig. 42, liv. IX

nature même à être perdue. Si tous les glands de-
venoient des chênes, le monde seroit une forêt
où il seroit impossible de se remuer. Enfin, je di-
rois à Martial : *vous n'approcheriez donc pas de
votre femme quand elle est grosse ; car* Istud quod
vagina, pontice, perdis homo est. *Si vous la lais-
siez ainsi jeûner, vous seriez un grand sot & lui
feriez beaucoup de peine, ce qui est un grand mal ;
& de plus vous seriez tout ce que peut être un mari
avant qu'elle fut accouchée ; ce qui en est un assez
petit.*

L'ANANDRYNE.

L'ANANDRYNE.

LES plus fameux rabbins ont penfé que nos premiers peres avoient les deux fexes & naiffoient hermaphrodites pour accélérer la propagation ; mais qu'après un certain tems écoulé, la nature ceffa d'être auffi féconde, à l'époque où les fubftances végétales ne fuffirent plus à notre nourriture, & où les hommes commencerent à ufer de la viande.

Il eft d'abord certain, & nous l'avons vu dans ces mélanges, (1) qu'Adam fut créé avec les deux fexes. Dieu lui donna une compagne ; mais l'Ecriture ne dit point fi dans ce miracle Adam perdit l'un de fes attributs. La Genefe ne s'expliquant donc point d'une maniere précife fur ce fujet, le fyftême des rabbins a confervé long-tems un grand nombre de fectateurs.

On a foutenu un fyftême mitigé, qui a femblé à quelques-uns plus vraifemblable. C'eft qu'il y avoit trois fortes d'êtres dans le premier âge

____

(1) Voyez l'Anélytroïde.

du monde ; les uns mâles, les autres femelles ; d'autres mâles & femelles tout ensemble ; mais que tous les individus de ces trois especes avoient chacun quatre bras & quatre pieds, deux visages tournés l'un vers l'autre & posés sur un seul cou, quatre oreilles, deux parties génitales, &c. Ils marchoient droits ; quand ils vouloient courir, ils faisoient la culbute. Leurs excès, leur insolence, leur audace les firent dédoubler ; mais il en résulta un grand inconvénient ; chaque moitié tâchoit sans cesse de se réunir à l'autre, & quand elles se rencontroient, elles s'embrassoient si étroitement, si tendrement, avec un plaisir si délicieux, qu'elles ne pouvoient plus se résoudre à se séparer ; plutôt que de se quitter, elles se laissoient mourir de faim.

Le genre humain alloit périr ; Dieu fit un miracle ; il sépara les sexes & voulut que le plaisir cessât après un court intervalle, afin que l'on fît autre chose que de rester collés l'un à l'autre. Il est arrivé de là, & rien n'est plus simple, que le sexe femelle, séparé du sexe mâle, a conservé un amour ardent pour les hommes, & que le sexe mâle aspire sans cesse à retrouver sa tendre & belle moitié.

Mais il est des femmes qui aiment d'autres femmes ? Rien de plus naturel encore ; ce sont des moitiés de ces anciennes femelles qui étoient doubles. De même certains mâles, dédoublement d'autres mâles, ont conservé un goût exclufif pour leur fexe. Il n'y a rien là d'étrange, quoique ces couples d'hommes réunis & défunis paroiffent bien moins intéreffans. Voyez combien quelques con-noiffances de plus ou de moins doivent donner plus ou moins de tolérance ! Je fouhaite que ces idées en impofent aux moraliftes déclamateurs. On peut leur citer des autorités graves ; car ce fyftême dont la fource eft dans Moyfe, a été très-étendu par le fublime Platon. Et Louis Leroi, profeffeur royal à Paris, a fait fur cette matiere de vaftes commentaires, auxquels ont travaillé avec fuccès *Mercerus* & *Quinquebze*, lecteurs du roi en hé-breu.

On ne fera peut-être pas fâché de trouver ici les vers originaux de Louis Leroi.

> Au premier âge que le monde vivoit,
> D'herbe, de gland, trois fortes y avoit
> D'hommes ; les deux, tels qu'ils font maintenant ;
> Et l'autre double étoit ; s'entretenant
> Enfemblement tant mâle que femelle.
> Il faut penfer que la façon fut belle ;
> Car le grand Dieu qui vivre les faifoit,
> Faits les avoit, & bien s'y connoiffoit.
> De quatre bras, quatre pieds & deux têtes,
> Etoient formées ces raifonnables bêtes ;
> Le refte vaut mieux penfée que dite,
> Et fe verroit plutôt peinte qu'écrite.

Chacun étoit de son corps tant aisé,
Qu'en se retournant il se trouvoit baisé ;
En étendant ses bras on l'embrassoit ;
Voulant penser on le contrepensoit.
En soi voyoit tout ce qu'il vouloit voir,
En soi trouvoit tout ce qu'il falloit avoir.
Jamais en lieu, ses pieds porté ne l'eussent,
Que quand & lui ses passe-tems ne fussent.
Si de son bien lui plaisoit mal user,
Facile étoit envers soi s'excuser.
De lui n'étoit fait ni rapport ni compte,
Ne connoissoit honnêteté ni honte.
Si de son cœur sortoient simples desirs,
Il y entroit tant de doubles plaisirs ;
Qu'en y pensant chacun est incité
A maintenir que la félicité,
Fut de tel tems, & le siecle doré.

Antoinette Bourignon, dans sa préface du *Nouveau ciel*, adopte aussi ce syftéme, qui paroît de nature à être regretté du beau sexe. Elle attribue au péché ce triste dédoublement, & dit qu'il a défiguré dans les hommes l'œuvre de Dieu ; & qu'au lieu d'hommes qu'ils devoient être, ils sont devenus des monstres de nature, divisés en deux sexes imparfaits, impuissans à produire seuls leurs semblables, comme se reproduisent les plantes, qui sont bien plus favorisées & parfaites en cela que l'espece humaine, condamnée à ne se propager que par la réunion momentanée de deux

être qui, s'ils éprouvent alors quelques délices ,
ne peuvent achever ce grand œuvre de la reproduction qu'avec tant de douleurs.

Quoi qu'il en foit de ces idées , on a vu encore
de nos jours des phénomenes analogues qui portent à croire que la tradition de Moyfe n'eft pas
une chimere. L'un des plus étonnans eft celui d'un
moine à Iffoire en Auvergne, où le cardinal de
Fleury fit exiler en 1739 le garde - des - fceaux
Chauvelin. Ce moine avoit les deux fexes ; on lit
dans le couvent ces vers à fon fujet :

> J'ai vu vif, fans fantôme ,
> Un jeune moine avoir
> Membre de femme & d'homme ,
> Et enfant concevoir.
> Par lui feul en lui-même ,
> Engendrer , enfanter ,
> Comme font autres femmes ,
> Sans outils emprunter.

Cependant les regiftres du couvent portent que
ce moine ne s'engroffa point lui-même ; il n'avoit
pas été tout à la fois agent & patient. Il fut livré
à la juftice & détenu jufqu'à fa délivrance. Néanmoins le regiftre ajoute ces mots remarquables :
« ce moine appartenoit à monfeigneur le cardi-
» nal de Bourbon ; il avoit les deux fexes , & de
» chacun d'iceux s'aida tellement, qu'il devint
» gros d'enfans.

F 4

Je fais que l'on peut inftituer une différence entre l'hermaphrodite proprement dit & l'androgyne. L'androgyne & l'hermaphrodite, pure invention des Grecs qui vouloient & favoient tout embellir, ont été célébrés, ainfi à l'envi par tous les poëtes qui en faifoient des defcriptions charmantes, tandis que les artiftes les repréfentoient fous les formes les plus agréables & les plus propres à réveiller les fentimens de la volupté. Tandore ne réuniffoit que les perfections de fon fexe. L'hermaphrodite réunit toutes les perfections des deux fexes. C'eft le fruit des amours de Mercure & de Vénus, comme l'indique l'étymologie du nom. (1) Or Vénus étoit la beauté par excellence, Mercure à fa beauté perfonnelle joignoit l'efprit, les connoiffances & les talens. On fe forme l'idée d'un individu en qui toutes ces qualités fe trouvent raffemblées, & on aura celle de l'hermaphrodite, tels que les Grecs ont voulu le repréfenter. Les androgynes au contraire, fous la véritable acception de leur nom, ne font que des participans aux deux fexes, que l'on a nommé hermaphrodite que parce que les anciens avoient feint que le fils de Mercure & de Vénus avoit les deux

----

(1) Lucian. t. I. dialog. deor. XV & 2. Diodor. Sic. l. IV, p. 252, éd. Weffhling.

[89]

fexes. Mais il n'en eſt pas moins vrai que comme
il y a eu de tout tems des femmes qui ont tiré un
grand parti de cette conformité androgyne, elles
ont fu la rendre précieuſe. Lucien, dans un de ſes
dialogues, inſtruit deux courtiſannes, dont l'une
dit à l'autre : *j'ai tout ce qu'il faut pour contenter
tes deſirs* ; à quoi celle-ci répond : *tu es donc hermaphrodite ?* (1) S. Paul reproche ce vice aux
femmes Romaines. (2) On a peine à croire ce
qu'on lit dans Athénée ſur les excès de ce genre,
commis par ces femmes. (3) Ariſtophane, Plaute,
Phedre, Ovide, Martial, Tertullien & Clément
d'Alexandrie les ont déſignés d'une maniere plus
ou moins directe, & Séneque les accable d'une
effroyable imprécation. (4)

Les hermaphrodites parfaits ſont à préſent très-
rares ; ainſi il paroît que la nature ne produit plus
de ces hommes androgynes ; mais il faut convenir
que l'on remarque fréquemment des effets de ces
dédoublemens que nous venons d'expliquer : de
tout tems & dans l'antiquité la plus reculée,
comme dans les ſiecles plus voiſins de nos jours,

----

(1) Dialog. Meret. V.
(2) Ad Rom. cap. I.
(3) Lib. IV. cap. XVI.
(4) *Dii illas deceque male perdant ! Adio perverſum
comment, genus impudicitive! Viros meunt.* (Epiſt.XCV.)

on a vu la paffion la plus décidée de femme à femme. Lycurgue, ce févere Lycurgue, qui réva des chofes fi bizarres & fi fublimes, faifoit repré-fenter publiquement des jeux qu'on appelloit *gym-nopedies*, où les jeunes filles paroiffoient nues : les danfes, les attitudes, les approches, les enla-cemens les plus lafcifs leur étoient enfeignés. La loi puniffoit de mort les hommes qui auroient été affez téméraires pour les approcher. Ces filles habi-toient entr'elles jufqu'à ce qu'elles fe mariaffent : le but du légiflateur étoit apparemment de leur apprendre l'art de fentir, qui embellit beaucoup celui d'aimer ; de les inftruire de toutes les nuan-ces de fenfations que la nature indique, ou dont elle eft fufceptible ; en un mot, de les exercer entre elles, de maniere à tourner un jour au profit de l'efpece humaine tous les raffinemens qu'elles s'en-feignoient mutuellement. Enfin, on leur apprenoit à être amoureufes avant d'avoir un amant ; car on eft amoureufe fans amour, comme on affure quel-quefois, qu'on aime fans être amoureufe. N'a pas du tempérament qui veut ; n'aime pas qui veut : c'eft une morale de ce genre que Lycurgue a dé-veloppée dans fes loix : c'eft cette morale qu'Ana-créon a éparpillée dans fes immortels badinages comme les feuilles de la rofe. Qui fe feroit attendu à trouver Anacréon & Lycurgue dans les mêmes

principes ? Sapho, avant le poëte de Theos, les
avoit réduits en fyftême pratique & en avoit décrit
les fymptomes. O quelle peintre & quelle obfer-
vatrice étoit cette belle dévorée de tous les feux
de l'amour !

Cette Sapho, qui n'eft guere connue que par
les fragmens de fes poéfies brûlantes & fes amours
infortunés, peut être regardée comme la plus illuftre des tribades. On compte du nombre de fes
tendres amies les plus belles perfonnes de la
Grece, (1) qui lui infpirerent des vers. Anacréon
affure qu'on y trouve tous les fymptomes de la
fureur amoureufe. Plutarque apporte un de ces
morceaux de poéfie en preuve que l'amour eft une
fureur divine qui caufe des enthoufiafmes plus
violens que ne l'étoient ceux de la prêtreffe de
Delphes, des Bacchantes & des prêtres de Cybele ;
qu'on juge quelle flamme brûloit le cœur qui infpiroit ainfi ! (2)

Mais Sapho, long-tems amoureufe de fes com-
pagnes, les facrifia à l'ingrat Phaon qui la réduifit

----

(1) Thelefyle, Amythone, Atthys, Anaſtorie,
Cydno, Mégare, Pyrrine, Andromede, Mnaïs, Cy-
rine, &c.

(2) On lifoit aux pieds de la ftatue de Sapho, par
Silanion : *Sapho qui a chanté elle-même fa lubricité, &*
qui fut amoureufe à la rage.

au défefpoir. N'auroit-il pas mieux valu pour elle continuer à pourfuivre des conquêtes que les familiarités facilitées par la conformité du fexe, les fûretés qu'il procure & l'afcendant de fon efprit devoient lui rendre fi aifées? D'autant qu'elle étoit douée de tous les avantages que l'on peut defirer dans cette paffion, à laquelle la nature fembloit l'avoir deftinée; car elle avoit un clitoris fi beau, qu'Horace donnoit à cette femme célebre l'épithete de *mafcula*; c'eft dire en françois, *femme hommeffe*.

Il paroît que le college des *Veftales* peut ére regardé comme le plus fameux ferrail de tribades qui ait jamais exifté, & l'on peut dire que la fecte Anandryne a reçu dans la perfonne de ces prêtreffes les plus grands honneurs. Le facerdoce n'étoit pas un de ces établiffemens vulgaires, humbles & foibles dans leurs commencemens, que la piété hafarde & qui ne doivent leur fuccès qu'au caprice. Il ne fe montre à Rome qu'avec l'appareil le plus augufte : vœu de virginité, garde du palladium, dépôt & entretien du feu facré, (1) fymbole de

____

(1) *Vefta* vient du grec & fignifie *feu*. Les Chaldéens & les anciens Perfes appelloient le feu *avefta*. Zoroaftre a intitulé fon fameux livre, *Avefta*, la garde du feu. La porte des maifons, l'entrée, s'eft appellée la confervation de l'empire, prérogatives les plus honorables, crédit immenfe, pouvoir fans bornes. Mais combien tout cela eût été payé cher par la privation abfolue de ce bonheur, auquel la nature appelle tous les êtres, & les fupplices affreux qui attendoient les veftales, fi elles fuccomboient à fa voix! Jeunes & capables de toute la vivacité des paffions, comment y feroient-elles échappées fans les reffources de Sapho, tandis qu'on leur laiffoit la liberté la plus dangereufe, & que leur culte même les appelloit à des idées fi voluptueufes? Car on fait que les veftales facrifioient au dieu *Fafcinus*, repréfenté fous la forme du *Thallum* Egyptien, il y avoit des cérémonies fingulieres, obfervées dans ces facrifices: elles attachoient cette image du membre viril aux chars des triomphateurs. Ainfi le feu facré qu'elles entretenoient étoit cenfé fe propager dans tout l'empire par les voies véritablement vivifiantes, mais qu'un tel objet de contemplation étoit peu néceffaire à expofer à la vue de jeunes filles vouées à la virginité!

On voit que les tribades anciennes avoient

---

veftibule, parce que chaque Romain avoit foin d'entretenir ce feu de vefta à la porte de fa maifon. C'eft de là fans doute que l'entrée du vagin s'appelle le veftibule du vagin, comme étant le lieu où s'entretient le premier feu de ce temple.

d'illuſtres modeles. L'abbé Barthelemi, dans ſes antiquités palmyreniennes, cite les habits qu'elles affeĉtoient en public: c'étoient, ſelon lui, (1) l'énomide & la *callyptze*. L'énomide ſerroit étroitement le corps & laiſſoit les épaules découvertes. Quand à la *callyptze* on ne la connoit que par ſon nom, comme la *crocote*, la lobbe *tarentine*, l'*anobolé*, l'*encyclion*, la *cécriphale* & les tuniques teintes en couleurs ondoyantes qui déſignoient aſſez bien cette ardeur des tribades qui appetent ſans ceſſe, comme les flots ſe ſuccedent ſans jamais ſe tarir. Elles arboroient ces vétemens ſuivant les ſituations dans leſquelles elles ſe trouvoient. La callyptze étoit pour le public extérieur ; elles portoient l'énomide lorſqu'elles recevoient du monde dans leur intérieur : la tarentine ſervoit dans les voyages ; la crocote étoit pour le boudoir, lorſqu'elles étoient dans un exercice ſolitaire ; l'anobolé pour la tribaderie de tête-à-tête ; la cécriphale pour les rendez – vous nocturnes ; l'encyclion pour tenir cercle licentieux ; les tuniques teintes pour les grandes confrairies, les orgies ; & la couleur de la tunique annonçoit l'office dent la tribade qui la

------

(1) Je ne doute pas que quelque érudit ne me faſſe ici plus d'une difficulté... Mais on n'auroit jamais fini s'il falloit répondre à tout.

portoit étoit chargée pour ce jour. Chaque genre de secours avoit sa couleur ondoyante particuliere.

Il est certains cas où la tribaderie a été conseillée par des physiciens très-savans. On sait que David ne recouvra sa chaleur que par des femmes qui tribadoient pardessus son corps. Quant à Salomon, il n'employoit, sans doute, ses trois mille concubines qu'à faire exécuter en sa présence des évolutions en grand. De nos jours la chaleur idiopatique se restitue dans le corps humain par les jeux d'une multitude de femmes, au milieu desquelles s'établit celui qui veut recouvrer les forces. Ce remede étoit conseillé par Dumoulin toujours avec succès. On sent qu'aussi-tôt que le malade ressentoit les effets idiopatiques de la chaleur, il devoit se retirer pour laisser rasseoir & raffermir l'incandescence qui paroissoit se montrer ; autrement il en seroit résulté un effet contraire. Ce système est fondé sur ce que l'homme n'a besoin que de la présence de l'objet pour ressentir l'espece de chaleur dont il s'agit, laquelle le meut plus ou moins fortement, selon qu'il est plus ou moins débilité. En général, la fréquence des accès de cette chaleur vivifiante dure autant & plus que les forces de l'homme. C'est une des suites de sa faculté de penser & de se rappeller subitement certaines sensations agréables à la seule inspection des objets qui les lui ont fait éprouver. Ainsi celle qui difoit, *que fi les animaux ne faifoient l'amour que par inter-valles, c'eft qu'ils étoient des bêtes*, difoit un mot bien plus philofophique qu'elle ne penfoit.

Au refte, en tribaderie, comme en tout, les excès font nuifibles ; ils énervent au lieu d'exciter. Il arrive auffi quelquefois, à force de recherches, des aventures fingulieres & funeftes dans ces fortes d'exercices. Il y a peu de tems qu'à Parme une fille accoutumée à tribader avec fa bonne amie, fe fervit d'une groffe aiguille à tête d'ivoire de la longueur d'un doigt, qui dans les fecouffes fit fauffe route & tomba dans la veffie de domenica. Elle n'ofa déclarer fon aventure, fouffrit & patienta ; elle urinoit goutte à goutte ; au bout de cinq mois il s'étoit déjà formé une pierre autour de l'aiguille que l'on tira par les voies ordinaires. Dans les couvens, vaftes théatres de tribaderies, il eft arrivé beaucoup d'événemens pareils ; ici c'eft un cure oreille, là un perfaire ; dans un autre un affiquet, ou un canon de feringue ; ailleurs une phiole d'eau de la reine d'Hongrie, pour la laiffer diftiller goutte à goutte ; une petite navette de tifferan, un épis de bled qui monte de foi-même, qui chatouille le vagin, & que la pauvre nonnette ne peut plus retirer, &c. On feroit un volume de pareilles anecdotes.

M.

M. Poivre nous apprend dans ſes voyages que les plus fameuſes tribades de l'univers ſont les Chinoiſes ; & comme en ce pays les femmes de qualité marchent peu, elles tribadent à travers des hamacs ſuſpendus. Ces hamacs ſont faits de foie plate à mailles de deux pouces en quarré ; le corps y eſt mollement étendu, les tribades ſe balancent & s'agitent ſans avoir la peine de ſe remuer. C'eſt un grand luxe des Mandarins, que d'avoir dans une ſalle, au milieu des parfums, vingt tribades aériennes qui s'amuſent ſous ſes yeux.

Le ſerrail du grand-ſeigneur n'a pas d'autre but ; car que feroit un ſeul homme de tant de beautés ? Quand le ſultan blaſé ſe propoſe de paſſer la nuit avec une de ſes femmes, il ſe fait apporter ſon ſorbet au milieu de la piece des Tours (All'hachi) ; c'eſt ainſi qu'on la nomme. Les murs ſont couverts des peintures les plus laſcives ; à l'entrée de cette piece on voit une colombe d'un côté & une chienne de l'autre, par où l'on ſort ; ſymboles de volupté & de lubricité.

Au centre des peintures ſe liſent vingt vers turcs qui décrivent les trente beautés de la belle Hélene, & dont M. de Saint-Prieſt a envoyé derniérement un fragment avec ces détails : ce fragment a été traduit par un François du quartier de Péra. (1)

---

(1) On fent bien que la dignité de M. de Saint-Prieft l'empêchera d'en convenir ; & quelque littérateur encouragé par ce défaveu , viendra me foutenir que ces vers font tout fimplement imités d'un paffage de Sylva Nuptialis , de J. de Nevifan ; & puis vîte il citera le morceau. Le voici :

Trigenta hæc habeat quæ vult formofa vocari
Femina fic Helena fama fuiffe refert ,
Alba tria & totidem nigra ; & tria rubra puella ,
Tres habeat longas res totidem que breves.
Tres craffas totidem graciles tria ftricta tot ampla ,
Sint ibidem huic formæ fint quoque parva tria ,
Alba cuti divei dentes albique capilli ,
Nigri oculi cannus nigra fupercilia.
Labia gene atque ungues rubri. Sit corpore longa ,
Et longi crines. Sit quoque longa manus ,
Sint que breves dentes auris pes. Pectora lata ,
Et clunes diftent ipfa fupercilia.
Cunus & os ftrictum. Strigunt ubi fingula ftricta ,
Sint core & cullus vulva que turgdula ,
Subtiles digiti crines & labra puellis ,
Parvus fit nafus parva mamilla caput,
Cum nulli aut lare fint hæc formofa vocari ,
Nulla puella poteft tara puella poteft.

Mais je le prie de me dire où eft l'impoffibilité que ces vers foient traduits en turc dans le ferrail ?... Enfin on ne difpute point contre les faits.

Je n'essayerai point de traduire ces vers en françois ; ils n'ont pas été faits par unpoëte. Ce calcul arithmétique, ces trente qualités coupées gravement trois à trois, glaceroient toute verve. On ne calcule point les charmes qu'on adore ; on s'enivre, on brûle, on les couvre de baisers ; ce n'est qu'alors qu'on est intéressant ; la belle qui verroit compter par ses doigts les attraits dont elle est ornée, prendroit le calculateur pour un fot, & feroit elle-même une pauvre figure. Il y en a bien plus de trente ; il y en a plus de mille. Quoi ! lorsqu'on voit Hélene nue, a-t-on la tête si nette ?... (1) Mais les Turcs ne font pas galans.

Le sultan arrive dans cette salle, où les muets ont tout fait préparer. Il s'accroupit dans un angle d'où il rase la terre pour voir les attitudes sous un angle favorable ; il fume trois pipes, & pendant le tems qu'il y emploie, ce que l'Asie produit de plus parfait paroît nu dans cette salle. Elles s'accouplent d'abord suivant le tableau de la belle Hélene, puis se mêlent & diverfifient les groupes & les postures dont les murs leur offrent les mo-

---

(1) Et puis comment traduire en vers avec grace & nobleffe, *cunnus*, *clunes*, *culus*, *vulva* ? On auroit de la peine à s'en tirer dans un mauvais lieu. Mais l'amour veut être servi dans un temple.

deles qu'elles furpaffent par leur agilité. Il y a entre autres dans ce fallon voluptueux fept tableaux de Boucher, dont un repréfente des fictions d'après le Caravage ; & le dernier fultan les faifoit exécuter en naturel d'après le peintre des graces. O , fi l'on employoit autant d'efforts à former les mœurs qu'à les corrompre, à créer les vertus qu'à exciter les defirs, que l'homme auroit bientôt atteint le degré de perfection dont fa nature eft fufceptible !

L'AKROPODIE.

L'AKROPODIE.

LA nature travaille à la reproduction des êtres par des voies bien diverses ; elle a voulu que l'espece humaine se renouvellât par le concours de deux individus semblables par les traits les plus généraux de leur organisation, & destinés à y coopérer par des moyens particuliers & propres à chacun. Aussi l'essence d'un sexe ne se borne point à un seul organe, mais s'étend par des nuances plus ou moins sensibles à toutes les parties. La femme, par exemple, n'est point femme par un seul endroit ; elle l'est par toutes les faces sous lesquelles elle peut être envisagée ; on diroit que la nature a tout fait en elle pour les graces & les agrémens, si l'on ne savoit qu'elle a un objet plus essentiel & plus noble. C'est ainsi que dans toutes les opérations de la nature, la beauté naît d'un ordre qui tend au loin ; & qu'en voulant faire ce qui est bon, elle fait nécessairement en même tems ce qui plaît.

Voilà la loi générale, à laquelle ne dérogent les modifications particulieres, qu'autant que les pasfions, les goûts, les mœurs, foumis à un rapport direct avec les légiflations & les gouvernemens, mais toujours fubordonnés à la conftitution phyfique dominante dans tel ou tel climat, s'écartent plus ou moins de la nature contrariée par l'homme. Ainfi dans les pays chauds, des habitans rembrunis, petits, fecs, vifs, fpirituels, feront moins laborieux, moins vigoureux, plus précoces & moins beaux que ceux des pays froids. Les femmes y feront plus jolies & moins belles ; l'amour y fera un defir aveugle, impétueux, une fievre ardente, un befoin dévorant, un cri de la nature. Dans les pays froids cette paffion, moins phyfique & plus morale, fera un befoin très-modéré, une affection réfléchie, méditée, analyfée, fyftématique, un produit de l'éducation. La beauté & l'utilité, ou toutes les beautés & les utilités ne font donc point connexes : leurs rapports s'éloignent, s'affoibliffent, fe dénaturent ; la main de l'homme contrarie fans ceffe l'activité de la nature ; quelquefois auffi nos efforts hâtent fa marche.

Par exemple, la loi refpective de l'amour phyfique des pays feptentrionaux & des méridionaux eft très-atténuée par les inftitutions humaines. Nous nous fommes entaffés en dépit de la nature dans des villes immenfes ; & nous avons ainfi changé les climats par des foyers de notre inven-

tion dont les effets continuels font infiniment puiffans. A Paris, dont la température eft bien froide
en comparaifon même de nos provinces méridio-
nales, les filles font plutôt nubiles que dans les
campagnes même voifines de Paris. Cette préro-
gative, plus nuifible qu'utile peut-être, annexée à
cette monftrueufe capitale, tient à des caufes morales, lefquelles commandent très-fouvent aux
caufes phyfiques; la précocité corporelle eft due à
l'exercice précoce des facultés intellectuelles, qui
ne s'éguifent guere avant le tems qu'au détriment
des mœurs. L'enfance eft plus courte; l'adolef-
cence hâtive devient héréditaire; les fonctions
animales & l'aptitude à les exercer s'exaltent (car
fe perfectionnent ne feroit pas le mot) de génération en génération. Or les difpofitions corporelles
& les facultés de l'ame font entr'elles dans un rapport qui peut être tranfmis par la génération. Grande
vérité qui fuffit pour faire fentir de quelle impor-
tance feroit pour les fociétés une éducation nationale bien conçue!

C'eft fur-tout peut-être fur le fexe féduifant qu'il
faudroit travailler; car chez prefque toutes les nations policées, avec l'apparence de l'efclavage, il
commande en effet au fexe dominateur. Il y a des
femmes, & en très-grand nombre, chez qui les
effets de la fenfibilité augmentent le reffort de

chaque organe , tant cet être , pour lequel la nature a fait des frais inconcevables, eft perfeftible !
Les fpafmes vénériens qui conftituent l'effence
des fonctions du fexe, les libations fécondes font
plus fufceptibles encore d'être envifagés morale-
ment que méchaniquement. Elles dépendent fans
doute de la plus ou moins grande fenfibilité de ce
centre merveilleux (1) qui fe réveille ou s'affou-
pit périodiquement. Mais quelle influence n'a t-il
pas auffi fur toutes les parties de l'être ! Si le plaifir
y exifte, l'ame fenfitive, agréablement émue, femble vouloir s'étendre, s'épanouir pour préfenter plus
de furface aux perceptions. Cette intumefcence répand par-tout le fentiment délicieux d'un furcroît
d'exiftence ; les organes montés au ton de cette
fenfation s'embelliffent, & l'individu entraîné par
la douce violence faite aux bornes ordinaires de
fon être, ne veut plus , ne fait plus que fentir.
Subftituez le chagrin au plaifir, l'ame fe retire
dans un centre qui devient un noyau ftérile, &
laiffe languir toutes les fonctions du corps ; & de
même que le bien-être & le contentement de l'efprit produifent la joie , l'épanouiffement de l'ame,
la vivacité , l'embelliffement du corps, la fatis-
faction , le fourire, la gaieté ou la douce & tendre

---

(1) La matrice.

[107]

joie de la fenfibilité, & fes voluptueufes larmes &
fes embraffemens énergiques, & fes tranfports
brûlans reffemblans à l'ivreffe ; de même la peine
d'efprit & fes inquiétudes rétréciffent l'ame, abat-
tent le corps, enfantent les douleurs morales &
phyfiques, & la langueur, & l'accablement & l'i-
nertie. —— Il ne feroit donc ni fol ni coupable celui
qui, à l'exemple d'un defpote Afiatique, mais par
d'autres motifs, propoferoit aux philofophes & aux
légiflateurs la recherche de nouveaux plaifirs, &
crieroit : *Epicure étoit le plus fage des hommes.
La volupté eft & doit être le mobile tout-puiffant
de notre efpece.*

Il y a des variétés dans les êtres créés, qui feroient incroyables fi l'on pouvoit combattre les
réfultats d'obfervations fuivies, réitérées, authen-
tiques, (1) mais la phyfique éclairée doit être le
guide éternel de la morale. Et voilà pourquoi prefque toutes les loix coercitives font mauvaifes. Voilà
pourquoi la fcience de la légiflation ne peut être
perfectionnée qu'après toutes les autres.

Mais l'homme, qui eft le plus grand ennemi &
le plus grand partifan, le plus grand promoteur &

____

(1) Qui fe douteroit, par exemple, que la chaleur de
l'abeille eft mille fois plus confidérable que celle de l'é-
léphant?

la plus remarquable victime du defpotifme , a voulu dans tous les tems tout diriger, tout conduire, tout réformer. De là cette foule de loix fi injuftes & fi bizarres, ces inflitutions inexplicables, ces coutumes de tout genre. A leur place, en tel tems, dans telles circonftances, en tel lieu, mais que le tyran de la nature a voulu propager, prolonger fans égard aux tems, aux lieux & aux circonftances. La circoncifion eft felon nous une des plus fingulieres qu'il ait imaginées.

Plufieurs peuples l'ont pratiquée pour des fins utiles dans l'ordre de la nature, & cela eft fimple & fage. D'autres l'ont admife fans befoin, comme une obfervance religieufe, & cela paroît fol. Les Egyptiens l'ont regardée comme une affaire d'ufage, de propreté, de raifon, de fanté, de néceffité phyfique. En effet, on prétend qu'il y a des hommes qui ont le prépuce fi long, que le gland ne pourroit pas fe découvrir de lui-même ; d'où il réfulteroit une éjaculation baveufe qui feroit un inconvénient confidérable pour l'œuvre de la génération. Cette raifon en eft une affurément pour diminuer un prépuce de cette nature. Mais que ce prépuce ait été un objet en grande vénération chez le peuple choifi de Dieu, voilà ce qui me femble très-fingulier.

En effet, le fceau de la réconciliation, le figne

de l'alliance, du pacte entre le Créateur & fon peuple, c'eft le prépuce d'Abraham, (1) prépuce qui devoit être racorni ; car Abraham avoit quatre-vingt-dix-neuf ans quand il fe fit cette coupure ; il opéra de même fur fon fils, fur tous les mâles, &c. La femme de Moyfe circoncit auffi fon fils ; ce ne fut pas fans peine, & elle fe brouilla avec fon époux qui ne la revit plus. (2) Cette cérémonie n'étoit alors regardée que comme une figure ; car on parle des fruits circoncis, (3) de la circoncifion du cœur, &c. (4) Et elle fut fufpendue pendant tout le tems que les Ifraélites furent dans le défert. Auffi Jofué à la fortie du défert fit circoncire un beau jour tout le peuple. Il y avoit quarante ans qu'on n'avoit coupé de prépuces ; on en eut deux tonnes tout d'un coup (5).

Quand le peuple de Dieu eut des rois, on fit bien plus, on maria pour des prépuces. Saül promet fa fille à David & demande cent prépuces de douaire. (6) David qui étoit héroïque & généreux ne voulut pas être borné dans ce magnifique don,

---

(1) Gen. XVII, 24.
(2) Ex. IV, 25.
(3) Lév. XIX, 23.
(4) Deut. X, 16.
(5) Jofué V, 3 & 7.
(6) Reg. XVIII, 25.

& apporta à Saül deux cents prépuces, (1) puis il époufa Michol ; on la lui voulut contefter ; mais il forma fa demande en regle, & l'obtint pour fa collection de prépuces. (2)

Ils ont excité de grandes querelles ces prépuces. On ne regarda pas feulement la circoncifion comme un facrement de l'ancienne loi, en ce qu'elle étoit un figne de l'alliance de Dieu avec la poftérité d'Abraham ; on voulut que ce bout de peau que l'on retranchoit du membre génital, remit le péché originel aux enfans. Les peres ont été divifés à ce fujet. S. Auguftin, qui foutenoit cette opinion, a contre lui tous ceux qui l'ont précédé, & depuis lui, S. Juftin, Tertulien, S. Ambroife, &c. La grande raifon de ceux-ci eft fort plaufible. Pourquoi, difent-ils, ne coupe-t-on rien aux femmes ? Le péché originel les entache tout comme les hommes ; on devroit même en bonne juftice leur couper plus qu'à ceux-ci ; car fans la curiofité d'Eve, Adam n'auroit pas péché.

Les peres Conning & Coutu ont foutenu, d'après M. Huet, qu'il n'étoit rien moins qu'éviden, que l'on ne circoncit pas les femmes. En effet, Huet fur Origenes, dit pofitivement qu'on cir-

---

(1) I. Reg. XVIII, 27.
(2) II. Reg. III, 14.

concit prefque toutes les Egyptiennes, (1) on leur coupoit une partie du clitoris qui nuiroit à l'approche du mâle ; d'autres fubiffent la même opération par principe de religion, pour réprimer les effets de la luxure, parce que les chatouillemens & l'irritation font moins à craindre quand le clitoris eft moins proéminent.

Paul Jove & Munfter affurent que la circoncifion eft en ufage pour les femmes chez les Abyffins. C'eft même dans ce pays & pour ce fexe une marque de nobleffe ; auffi ne la donne-t-on qu'à celles qui prétendent defcendre de Nicaulis, reine de Saba. La queftion de la circoncifion des femmes eft donc très-indécife, & les érudits peuvent encore s'exercer.

Une opération très-embarraffante devoit être quand il falloit couper, où il ne reftoit rien à retrancher. Par exemple, comment opéroit-on fur les peuples qui, circoncis par propreté ou par néceffité, fe faifoient Juifs, de forte qu'il falloit les circoncire encore une fois pour l'alliance ? Il paroît qu'alors on fe contentoit de tirer de la verge quelques gouttes de fang à l'endroit où le prépuce avoit

____

(1) *Circumfio fœminarum fit refectione* τῆς νυμφῆς (*imo cletoridis*) *quæ pars in auftralium mulioribus ita excrefcit ut ferro fit coercenda.*

été découpé ; & ce fang s'appelloit *le fang de l'alliance ;* mais il falloit trois témoins pour que cette
cérémonie fut authentique , parce qu'il n'y avoit
plus de prépuce à montrer.

Les Juifs apoftats s'efforçoient , au contraire,
d'effacer en eux les marques de la circoncifion &
de fe faire des prépuces. Le texte des Macchabées
y eft formel. *Ils fe font fait des prépuces & ont
trompé l'alliance.* (1) S. Paul, dans la premiere
épître aux Corinthiens, femble craindre que les
Juifs convertis au chriftianifme n'en ufent de
même : *fi,* dit-il, *un circoncis eft appellé à la nouvelle loi, qu'il ne fe faffe point de prépuce.* (2)

Saint Jérôme, Rupert & Haimon nient la pof-
fibilité du fait & croient que la trace de la circoncifion eft ineffaçable ; mais les peres Conning &
Coutu ont foutenu dans le droit & dans le fait que
la chofe étoit poffible ; dans le droit par l'infailli-
bilité de l'Ecriture , dans le fait par les autorités de
Galien & de Celfe qui prétendent qu'on peut effacer les marques de la circoncifion. Bartholin (3)
cite Œgnielte & Fallope qui ont enfeigné le fecret

----

(1) Iman. Ch. I , 16 . *Fecerunt fibi preputia & receffe-
runt à teftamento fancto.*

(2) 1 Cor. VII, 18.

(3) *De morb. biblic.* ---

de supprimer cette marque dans la chair d'un circoncis. Buxtorf le fils, dans sa lettre à Bartholin,
confirme ce fait par l'autorité même des Juifs : de
plus, la matiere étant trop grave pour que des
hommes religieux voulussent y laisser quelques
doutes, les PP. Conning & Coutu ont éprouvé sur
eux-mêmes la pratique indiquée par les médecins
que nous venons de citer.

La peau est extensible par elle-même à un degré
qu'on auroit peine à croire, si celle des femmes
dans la grossesse & les vétemens faits avec la tunique des êtres animés, n'en étoient des exemples
journaliers. On voit souvent des paupieres se re-
lâcher, ou s'alonger exorbitamment. Or la peau
du prépuce est exactement semblable à celle des
paupieres.

Ceci bien reconnu, les PP. Conning & Coutu
se firent d'abord légitimement circoncire, & quand
la racine de leur prépuce fut consolidée, ils y atta-
cherent un poids, tels qu'ils purent le supporter
sans causer aucun éraillement. La tension imper-
ceptible & les linimens d'huile rosat le long de
la verge, faciliterent l'alongement de la peau,
au point qu'en quarante-trois jours Conning gagna
sept lignes un quart. Coutu qui avoit la peau plus
calleuse n'en put donner que cinq lignes & demie.
On leur avoit fait une boëte de fer-blanc doublée

& attachée à la ceinture pour qu'ils puſſent uriner & vaquer à leurs affaires. Tous les trois jours on viſitoit l'extenſion, & les peres viſiteurs, nommés commiſſaires *ad hoc*, dreſſoient regiſtres de l'arrivée du nouveau prépuce de Conning, à peu près comme on fait au Pont-Royal pour la crûe de la Seine.

Il eſt donc bien conſtaté que la Bible a dit vrai pour les hommes ; mais Conning & Coutu n'ont pas eu la même ſatisfaction pour les femmes. Aucune ne voulut permettre qu'on lui attachât un poids au clitoris ; enſorte qu'il n'en eſt point aujourd'hui qui s'en faſſe couper, ni par crainte de l'approche de l'homme, (car il y a des expédiens qui ſauvent tout inconvénient, comme on comprend bien) (1) ni en ſigne d'alliance, parce qu'il eſt de fait qu'elles s'allient toutes ſans avoir beſoin d'aucune diminution. On eſt bien loin aujourd'hui de s'affliger de la proéminence d'un clitoris..... O que ce progrès des arts eſt énorme en ce ſiecle !

On ſait que les Turcs coupent la peau & n'y touchent plus, au lieu que les Juifs la déchirent & guériſſent plus facilement ; au reſte, les enfans de Mahomet mettent le plus grand cérémonial dans

____

(1) La méthode en levrette.

cette opération. En 1581 Amurat III voulant faire circoncire son fils ainé, âgé de quatorze ans, envoya un ambassadeur à Henri III, pour le prier d'assister à la cérémonie du prépuce qui devoit se célébrer à Constantinople au mois de mai de l'année suivante : les ligueurs & sur-tout leurs prédicateurs prirent occasion de cette ambassade pour appeller Henri III *le roi Turc*, & lui reprocher qu'il étoit le parrain du grand-seigneur.

Les Persans circoncisent à l'âge de treize ans en l'honneur d'Ismaël ; mais la méthode la plus singuliere en ce genre est celle qui se pratique à Madagascar. On y coupe la chair à trois différentes reprises ; les enfans souffrent beaucoup, & celui des parens qui se saisit le premier du prépuce coupé, l'avale.

Herrera dit que chez les Mexicains, où d'ailleurs on ne trouve aucune connoissance du mahométisme ni du judaïsme, on coupe les oreilles & le prépuce aux enfans aussi-tôt après leur naissance, & que beaucoup en meurent.

Voilà ce que l'on peut citer de plus remarquable sur cette matiere. On ignore si la crainte du frottement & l'irritation qui en est une suite, privoit les Juifs de la commodité de porter ce que nous appellons des culottes ; mais il est sûr que les Israélites n'en portoient pas ; en quoi nos capucins nonréformés ont imité le peuple de Dieu. Cependant comme les érections auroient pu embarraſſer dans certaines cérémonies, il étoit enjoint de ſe ſervir alors d'un chauffoir (1) pour contenir les parties génitales. Aaron en reçut l'ordre.

Je m'apperçois, en finiſſant ce morceau, que l'hiſtoire des prépuces n'eſt pas très-anacréontique ; mais quand on veut s'inſtruire dans les livres ſaints, comme c'eſt aſſurément le devoir de tout chrétien, il faut avoir le goût robuſte ; car on y trouve des paſſages infiniment plus fermes qu'aucun de ceux que j'ai cités. Lorſque , par exemple, on voit le roi Saül pourſuivant David venir décharger ſon ventre (2) dans une caverne au fond de laquelle ce dernier étoit caché , & celui-ci arriver bien doucement, & couper avec la plus grande dextérité le derriere du vêtement de Saül, puis auſſi-tôt que le roi eſt parti, courir après lui pour lui démontrer qu'il auroit pu l'empaler aiſément, mais qu'il étoit trop brave pour le tuer par derriere ; quand on voit cela, dis-je, on s'étonne. Mais lorſque paſſant d'étonnement en étonnement on voit tour-à-tour ſur ce vaſte & ſaint théatre , des hommes qui ſe

---

(1) Lév. ch. VI, 10. *Fœminalibus lineis*

(2) Reg. 1. ch. XXIV, 4. *Erat quæ ibi ſpelunsa quam impreſſus eſt Saül* ut purgeret ventrem.

nourriffent de leurs excrémens (1) & boivent de
leur urine ; (2) Tobie que de la fiente d'hyron-
delle aveugle ; (3) Efther qui fe couvre la tête
de tout ce qu'il y a de plus faie au monde ; (4) les
pareffeux qu'on lapide avec de la boufe de vache ;
(5) Ifaïe réduit à manger les plus hideufes éva-
cuations du corps humain ; (6) des riches qui
embraffoient des immondices, (7) d'autres qu'on
afpergeoit dans le temple même, avec cette matiere fécale : enfin Ezéchiel qui étendoit fur fon
pain cet étrange ragoût, (8) lequel, Dieu, par
un miracle, qui ne paroît pas à tout le monde
digne de fa bonté, convertit en fiente de bœuf... (9)
Quand on voit tout cela, on ne s'étonne plus de
rien.

---

(1) Reg. 4, ch. XVIII, 27. *Comedant ftercora fua &
bibant urinam fuam.*

(2) Tobie II, 11.

(3) Efther XIV, 2.

(4) Eccl. XXII, 2.

(5) Ifaïe XXXVII, 12.

(6) Tren. IV, 5. *Amplexati funt ftercora.*

(7) Mal. II, 3.

(8) Ezech. IV, 12.

(9) Ibid. IV, 15.

KADHÉSCH.

KADHÉSCH.

LA puiſſance des loix dépend preſqu'uniquement de leur ſageſſe, & la volonté publique tire
ſon plus grand poids de la raiſon qui l'a dictée.
C'eſt pour cela que Platon regarde comme une
précaution trés-importante de mettre toujours à
la tête des édits un préambule raiſonné, qui en
montre la juſtice en même tems qu'il en expoſe
l'utilité.

En effet, la premiere loi eſt de reſpecter les
loix. La rigueur des châtimens n'eſt qu'une vaine
& coupable reſſource, imaginée par des eſprits
étroits & de mauvais cœurs, pour ſubſtituer la
terreur au reſpect qu'ils ne peuvent obtenir. Auſſi
eſt-ce une remarque univerſelle & non démentie
par la plus vaſte expérience, que les ſupplices ne
ſont nulle part auſſi fréquens que dans les pays
où ils ſont terribles ; de ſorte que la cruauté des
peines déſigne infailliblement la multitude des infracteurs, & qu'en puniſſant tout avec la même ſé-
vérité, l'on force les coupables qui le plus ſouvent ne ſont que les foibles, à commettre des

crimes pour échapper à la punition de leurs fautes.

Le gouvernement n'eft pas toujours maître de la loi ; mais il en eft toujours le garant ; & que de moyens n'a-t-il pas pour la faire aimer ! Le talent de régner n'eft donc pas infiniment difficile à acquérir ; car il ne confifte qu'en cela. J'entends bien qu'il eft encore plus aifé de faire trembler tout le monde quand on a la force en main ; mais il eft très-facile auffi de gagner les cœurs ; car le peuple a appris depuis bien long-tems de tenir grand compte à fes chefs de tout le mal qu'ils ne lui font point, à les adorer quand il n'en eft pas haï.

Quoi qu'il en foit, un imbécille obéi peut comme un autre punir les forfaits ; le véritable homme d'état fait les prévenir. C'eft fur les volontés plus que fur les actions qu'il cherche à étendre fon empire. S'il pouvoit obtenir que tout le monde fît bien, que lui refteroit-il à faire ? Le chef-d'œuvre de fes travaux, feroit de parvenir à refter oifif.

C'eft donc une grande mal-adreffe que la jactance & l'abus du pouvoir ; le comble de l'art eft de le déguifer, (car tout pouvoir eft défagréable à l'homme) & fur-tout de ne pas favoir feulement employer les hommes tels qu'ils font ; mais de parvenir à les rendre tels qu'on a befoin qu'ils foient. Cela eft très-poffible ; car les hommes font à la longue tels que le gouvernement les fait ; guerriers , citoyens , efclaves , il modele tout à fon gré , & quand j'entends un homme détat dire, *je méprife cette nation* , je leve les épaules & réponds en moi-même : *& toi , je te méprife de n'avoir pas fu la rendre eftimable.*

C'eft là le grand art des anciens qui paroiffent nous avoir été auffi fupérieurs dans les fciences morales que nous l'emportons fur eux dans les fciences phyfiques. Tout leur but étoit de diriger les mœurs , de former des caracteres , d'obtenir de l'homme, que pour faire ce qu'il doit, il lui fuffit de fonger qu'il le doit faire. O, quel mobile d'honneur , de vertu, de bien-être , feroit la légiflation perfectionnée ainfi fur un feul principe ! Les loix anciennes étoient tellement le fruit de hautes penfées & de grands deffeins , le produit du génie, en un mot, que leur influence a furvécu aux mœurs des peuples pour qui elles étoient faites. Combien long-tems , par exemple , n'a pas duré le préjugé imprimé par les anciens légiflateurs fur les mariages ftériles ?

Moyfe ne laiffa guere aux hommes la liberté de fe marier ou non. Lycurgue nota d'infamie ceux qui ne fe marioient pas. Il y avoit même une folemnité particuliere à Lacédémone, où les femmes les produifoient tout nus aux pieds des autels, & leur faifoient faire à la nature une amende

honorable, qu'elles accompagnoient d'une correction très-févere. Ces républicains fi célebres avoient
pouffé plus loin les précautions en publiant des ré-
glemens contre ceux qui fe marieroient trop tard
(1) & contre les maris qui n'en ufoient pas bien
avec leurs femmes. (2) On fait quelle attention
les Egyptiens & les Romains apporterent à favo-
rifer la fécondité des mariages.

S'il eft vrai qu'il y eut dans les premiers âges
du monde des femmes qui affectoient la ftérilité,
comme il paroît par un prétendu fragment du prétendu livre d'Enoch, il peut y avoir eu auffi des
hommes qui en fiffent profeffion ; mais les apparences n'y font rien moins que favorables. Il étoit
fur-tout alors néceffaire de peupler le monde. La
loi de Dieu & celle de la nature impofoient à toutes
fortes de perfonnes l'obligation de travailler à
l'augmentation du genre humain ; & il y a lieu de
croire que les premiers hommes fe faifoient une
affaire principale d'obéir à ce précepte. Tout ce que
la Bible nous apprend des patriarches, c'eft qu'ils
prenoient & donnoient des femmes, c'eft qu'ils
mirent au monde des fils & des filles, & puis mou-
rurent, comme s'ils n'avoient eu rien de plus

____

(1) Ὀψιγαμία

(2) κακογαμία

Important à faire. L'honneur, la nobleſſe, la
puiſſance conſiſtoient alors dans le nombre des
enfans ; on étoit ſûr de s'attirer par la fécondité
une grande conſidération, de ſe faire reſpecter de
ſes voiſins, d'avoir même une place dans l'hiſtoire.
Celle des Juifs n'a pas oublié le nom de *Jaïr* qui,
avoit trente fils au ſervice de la patrie ; ni celle des
Grecs les noms de *Danaüs* & d'*Egyptus* célebres
par leurs cinquante fils & leurs cinquante filles. La
ſtérilité paſſoit alors pour une infamie dans les
deux ſexes, & pour une marque non équivoque de
la malédiction de Dieu. On regardoit au contraire
comme un témoignage authentique de ſa bénédic-
tion, d'avoir autour de ſa table un grand nombre
d'enfans. Ceux qui ne ſe marioient pas étoient
réputés *pécheurs contre nature*. Platon les tolere
juſqu'à l'âge de trente-cinq ans ; mais il leur in-
terdit les emplois & ne leur aſſigne que le dernier
rang dans les cérémonies publiques. Chez les Romains, les cenſeurs étoient ſpécialement chargés
d'empêcher cette ſorte de vie ſolitaire. (1) Les
célibataires ne pouvoient ni teſter ni rendre témoignage ; (2) la religion aidoit en ceci la poli-

----

(1) *Cælides eſſe prohibendos.*

(2) *Ex alii tui ſenta tu equum habes , tu uxorem ha-*
bes ? teſta.

tique ; les théologiens païens les foumettoient à des peines extraordinaires dans l'autre vie, & dans leur doctrine le plus grand des malheurs étoit de fortir de ce monde fans y laiffer des enfans ; car alors on devenoit la proie des plus cruels démons. (1)

Mais il n'eft point de loix qui puiffent arrêter un défordre idéal ; auffi malgré les injonctions des légiflateurs, on éludoit très-communément dans l'antiquité les fins de la nature. L'biftoire ne dit point comment ni par qui commença l'amour des jeunes garçons, qui fut fi univerfel. Mais un goût fi particulier, & en apparence fi bizarre, l'emporta fur les loix pénales, burfales, infamantes, &c. fur la morale, fur la faine phyfique. Il faut donc que cet attrait ait été très-impérieux. Mais cette paffion bizarre a une origine qui m'a paru très-finguliere : je crois que l'impuiffance dont la nature frappe quelquefois, fe confédéra avec des tempéramens effrénés pour l'affermir & la propager. Rien de plus fimple.

L'impuiffance a toujours été une tache très-honteufe. Chez les Orientaux, les hommes marqués de

---

(1) *Ext Vium calamitas & impietas accidit, illi qui ubfque filii à vitâ difcedit, & damonibus maximas du pœnas poft obitum.*

æ fceau de réprobation eurent le titre flétriffant d'*eunuques du foleil*, d'*eunuques du ciel, faits par la main de Dieu*. Les Grecs les appelloient *invalides*. Les loix qui leur permettoient les femmes, permettoient auffi à ces femmes de les abandonner. Les hommes condamnés à cet état équivoque, qui dut être très-rare dans les commencemens, également méprifés des deux fexes, fe trouverent expofés à plufieurs mortifications qui les réduifirent à une vie obfcure & retirée ; la néceffité leur fuggéra différens moyens d'en fortir & de fe rendre recommandables. Dégagés des mouvemens inquiets de l'amour étranger, &, au phyfique, de l'amour-propre, ils s'affujettirent aux volontés des autres, & furent trouvés fi dévoués, fi commodes, que tout le monde en voulut avoir. Le plus atroce des defpotifmes en augmenta bientôt le nombre ; les peres, les maîtres, les fouverains s'arrogerent le droit de réduire leurs enfans, leurs efclaves, leurs fujets à cet état ambigu ; & le monde entier, qui dans le commencement ne connoiffoit que deux fexes, fut étonné de fe trouver infenfiblement partagé en trois portions à peu près égales.

La bizarrerie, la fatiété, le libertinage, l'habitude, des motifs particuliers, une philofophie affectée ou téméraire, la pauvreté, la cupidité, la

jaloufie, la fuperftition concoururent à cette révo-
lution finguliere ; la fuperftition, dis-je, car les
opérations les plus avilifTantes, les plus ridicules,
les plus cruelles ont été imaginées par des fanati-
ques atrabilaires, qui diétent des loix triftes, fom-
bres, injuftes, où la privation fait la , vertu & la
mutilation le mérite.

Les Romains fourmilloient d'eunuques. En Afie
& en Afrique on s'en fert encore aujourd'hui pour
garder les femmes ; en Italie cette atrocité n'a
pour objet que la perfeétion d'un vain talent. Au
Cap les Hottentots ne coupent qu'un tefticule,
pour éviter, difent-ils, les jumeaux. Dans beaucoup de pays les pauvres mutilent pour éteindre
leur poftérité, afin que leurs malheureux enfans
n'éprouvent pas un jour la double mifere & de
périr de faim & de voir périr les leurs. Il y a bien
des fortes d'eunuques !

Quand on ne penfe qu'à perfeétionner la voix,
on n'enleve que les tefticules ; mais la jaloufie dans
fa cruelle méfiance retranche toutes les parties de
la génération : cette effroyable opération eft très-
dangereufe ; on ne la peut faire avec une forte
de fuccès qu'avant la puberté ; encore y a-t-il beaucoup de danger : paffé quinze ans, à peine en ré-
chappe-t-il un quart. Auffi ces fortes d'impuiffans
fe vendent cinq & fix fois plus que les autres, à
Golconde

Golconde on opéra en une fois jufqu'à vingt-deux mille de ces infortunés. Quelle horrible plaie faite à l'humanité! Les plus fameux font Ethiopiens; ils font fi hideux que les jaloux les paient au poids de l'or.

Les impuiffans abfolus fe qualifient d'*eunuques aqueducs*, parce qu'étant dépourvus de la verge qui porte le jet au-dehors, ils font obligés de fe fervir d'un conduit de fupplément, faute de ne pouvoir lancer le jet comme les femmes dont la vulve a tout fon reffort. Ceux au contraire qui ne font privés que des tefticules, jouiffent de toute l'irritation que donnent les defirs, & peuvent en un fens fe dire très-puiffans, (fur-tout lorfqu'ils n'ont été opérés qu'après que leur organe a reçu tout fon développement;) (1) mais avec cette trifte exception que, ne pouvant jamais fe fatisfaire, l'ardeur vénérienne dégenere chez eux en une efpece de rage; ils mordent les femmes qu'ils liment avec une précieufe continuité.

On voit que cette forte d'eunuques a le double

---

(1) *Ergo exfpectatos : ac juffos crefcere primium*
Tefticulos , poftquam cœperun effe bilibres ,
Tonforis dicimo tantum capit Héliodorus. (Juv.1.2.f.6.)
Lifez, fur la préférence que les dames Romaines donnoient aux eunuques & le parti qu'elles en tiroient, depuis le 365 vers de cette fatyre jufqu'au 379.

I

avantage de fervir fans rifque aux plaifirs des femmes & aux goûts dépravés des hommes. Autrefois tous les garçons de la Georgie fe vendoient aux Grecs, & les filles garniffoient les ferrails. On comprend que l'on trouvoit dans ce beau climat autant de ganymedes que de Vénus ; & fi quelque chofe pouvoit excufer cette paffion aux yeux de qui ne l'a pas , ce feroit fans doute l'incomparable beauté de ces modeles.

On comprend aujourd'hui , comme on fait , par le mot *de péché contre nature* tout ce qui a rapport à la non-propagation de l'efpece , & cela n'eft ni jufte , ni bien vu. La fodomie, dans fon rapport avec la ville de l'Ecriture, eft bien différente, par exemple , d'une fimple pollution. Quoique ce goût bizarre que l'on a compris avec tant d'autres dans le mot général *mollities* ait été généralement répandu dans les pays les plus policés , l'hiftoire ne cite rien d'auffi fort que ce qui eft rapporté dans l'Ecriture. Toutes les villes de la Pentavole en étoient tellement infeétées qu'aucun étranger n'y pouvoit paroître qu'il ne fut en proie à leurs defirs. Les deux anges qui vinrent vifiter Loth furent à l'inftant affaillis par une multitude de peuple. (1)

------

(1) Gen. XIX , 4. Avant que les anges fe fuffent couchés , le peuple accourut depuis les vieillards jufqu'aux enfans, — 4. — *Ut cognofcamus eos.*

En vain Loth leur proſtitua ſes deux filles; ce ſingulier acte de vertu hoſpitaliere ne lui réuſſit pas;
il falloit aux Sodomiſtes des derrieres mâles ; (1)
& les anges n'échapperent que grace à cet aveu-
glement ſubit qui empêcha ces libertins de ſe re-
connoître les uns les autres.

Cet état ne dura pas long-tems ; car en douze
heures de tems tout fut conſumé par la pluie de
ſoufre, au point que Loth & ſes filles, retirés dans
un antre, crurent que le monde venoit de périr par
le feu, comme il avoit lors du déluge péri par l'eau ;
& la crainte de ne plus avoir de poſtérité détermina
ces filles, qui ne comptoient apparemment pas
ſur les fruits de leur proſtitution récente, à en
tirer au plus vîte de leur pere. L'ainée ſe dévoua
la premiere à ce pieux office; elle ſe coucha ſur le
bon homme Loth, qu'elle avoit enivré, lui épargna
toute la peine de ce ſacrifice offert à l'amour de
l'humanité, & le conſomma ſans qu'il s'en apper-

----

(1) Les Sodomiſtes penſoient apparemment comme
un grand ſeigneur moderne. Un valet-de-chambre de
confiance lui obſervoit que du côté qu'il préféroit , ſes
maîtreſſes étoient conformées comme ſes ganymedes —
qu'on ne pouvoit trouver au poids de l'or ; qu'il pour
roit --- des femmes. *Des femmes !* s'écria le maître ;
eh , c'eſt comme ſi tu me ſervois un gigot ſans manche.

çut. (1) La nuit fuivante fa fœur en fit autant ; & le bon Loth qui paroît avoir été facile à tromper & dur à réveiller , réuffit fi bien dans ces actes involontaires, que fes filles mirent au monde, neuf mois après cette aventure , deux garçons, Moab , chef de la nation des Moabites, (2) & Ammon, chef des Ammonites.

On fait , indépendamment du témoignage formel de S. Paul, (3) que les Romains porterent très-loin ces excès de la pédéraftie ; mais ce que ce grand apôtre dit de remarquable , c'eft que les femmes préféroient de beaucoup le plaifir contre nature à celui qu'elle provoque. -- *Et fœmine immataverunt naturalem ufum in eum ufum qui eft contra naturam;* c'eft dans le vingt-fixieme verfet du chapitre cité au bas de la page qu'on lit ces paroles ; & le verfet fuivant a fourni au Caravage l'idée de fon *Rofaire*, qui eft dans le Mufæum du grand-duc de Tofcane. On y voit une trentaine

---

(1) Gen. XIX , 33. *Dormivit cum patre , at ille non fenfit nec quando* accubuit *filia , nec quando furrexit.*

(2) Moab fut le fils de la premiere ; Ammon nâquit de la feconde.

(3) S. Paul aux Romains, ch. I , 27. *Mafculi , relicto naturali ufu fœminæ exarferunt in defiriis fuis in invicem , mafculi in mafculos turpitudinem operantes & mercedem quam oportuit erroris fui in femet ipfis recipientes.*

d'hommes étroitement liés (*turpiter ligati*) en rond, & s'embraffant avec cette ardeur lubrique que ce peintre fait répandre dans fes compofitions libertines.

Au refte, la pédéraftie a été connue fur tout le globe ; les voyageurs & les miffionnaires en font foi. Ceux-ci rapportent même un cas de fodomie triple qui a embarraffé & aiguifé la fagacité du docte Sanchez : le voici.

Marc Paul avoit décrit, dans fa Defcription géographique, imprimée en 1566, les hommes à queue du royaume de Lambri. Struys avoit parlé de ceux de l'ifle Formofe, & Gemelli Carreri de ceux de l'ifle Mindors, voifine de Manille. Tant d'autorités fe trouverent plus que fuffifantes pour déterminer des miffionnaires jéfuites à entreprendre de préférence des converfions dans ce pays-là. Ils ramenerent en effet de ces hommes à queue, qui par un prolongement du coccyx portoient vraiment des queues de fept, huit & dix pouces, fufceptibles, quant à la mobilité, de tous les mouvemens que l'on apperçoit dans la trompe de l'éléphant. Or l'un de ces hommes à queue fe coucha entre deux femmes, dont l'une ayant un clitoris confidérable, fe pofta de la tête aux pieds & plaça en pédérafte fon clitoris, tandis que la queue de l'infulaire fourniffoit fept pouces au vafe légitime: l'infulaire qui étoit complaifant fe laiffa faire, & pour occuper toutes fes facultés il approcha de l'autre femme, & en jouit comme la nature y invite.... Il y avoit là affurément de quoi exercer les talens du prince des cafuiftes.

Sanchez diftingua « Pour la premiere, dit-il, fodomie double quoiqu'incomplete dans fes fins, parce que ni la queue ni le clitoris ne pouvant verfer la libation, ils n'operent rien contre les voies de Dieu & le vœu de la nature; quant à la feconde, fornication fimple. »

J'imagine que de pareilles queues auroient plus d'un genre d'utilité à Paris, où le goût des pédéraftes, quoique moins en vogue que du tems de Henri III, fous le regne duquel les hommes fe provoquoient mutuellement fous les portiques du Louvre, fait des progrès confidérables. On fait que cette ville eft un chef-d'œuvre de police; en conféquence il y a des lieux publics autorifés à cet effet. Les jeunes gens qui fe deftinent à la profeffion font foigneufement enclaffés; car les fyftêmes réglémentaires s'étendent jufques là. On les examine; ceux qui peuvent être agens & patiens, qui font beaux, vermeils, bien faits, potelés, font réfervés pour les grands feigneurs, ou fe font payer très-cher par les évêques & les financiers. Ceux qui font privés de leurs tefticules, ou en terme de l'art (car notre langue eſt plus chaſte que nos mœurs) qui n'ont pas *le poid du tiſſerand*, mais qui donnent & reçoivent, forment la ſeconde claſſe ; ils ſont encore chers parce que les femmes en uſent, tandis qu'ils ſervent aux hommes. Ceux qui ne ſont plus ſuſceptibles d'érections tant ils ſont uſés, quoiqu'ils aient tous les organes néceſ-ſaires au plaiſir, s'inſcrivent comme *patiens purs* & compoſent la troiſieme claſſe : mais celle qui préſide à ces plaiſirs, vérifie leur impuiſſance. Pour cet effet on les place tout nus ſur un matelas ouvert par la moitié inférieure ; deux filles le ca-reſſent de leur mieux, pendant qu'une troiſieme frappe doucement avec des orties naiſſantes le ſiege des deſirs vénériens. Après un quart d'heure de cet eſſai, on leur introduit dans l'anus un poivre long rouge qui cauſe une irritation conſidérable ; on poſe ſur les échauboulures produites par les orties, de la moutarde fine de Caudebec, & l'on paſſe le *gland* au camphre. Ceux qui réſiſtent à ces épreuves, & ne donnent aucun ſigne d'érection ſervent comme patiens à un tiers de paie ſeule-ment.... O qu'on a bien raiſon de vanter le pro-grès des lumieres dans ce ſiecle philoſophe !

BÉHÉMAH.

BÉHÉMAH.

DE LA BESTIALITÉ. —— Ce titre répugne à l'esprit & flétrit l'ame. Comment imaginer sans horreur qu'un goût aussi dépravé puisse exister dans la nature humaine, lorsqu'on pense combien elle peut s'élever au-dessus de tous les êtres animés ? Comment se figurer que l'homme ait pu se prostituer ainsi ? Quoi, tous les charmes, tous les délices de l'amour, tous ses transports .... il a pu les déposer aux pieds d'un vil animal ! Et c'est au physique de cette passion, à cette fievre impétueuse qui peut pousser à de tels écarts, que des philosophes n'ont pas rougi de subordonner le moral de l'amour ! *Le physique seul en est bon*, ont-ils dit. — Eh bien, lisez Tibulle & puis courez contempler ce physique dans les Pyrénées où chaque berger a sa chevre favorite ; & quand vous aurez assez observé les hideux plaisirs du montagnard brutal, répétez encore: *en amour le physique seul est bon.*

Un sentiment très-philosophique peut engager à fixer un moment ses regards sur un sujet aussi étrange, parce que ce sentiment donnant la force

force d'écarter toutes les idées que l'éducation, les préjugés & l'habitude nous inculquent tour-à-tour, indique plus d'une vue à diriger, plus d'une expérience à faire, dont les résultats pourroient être utiles & curieux.

La forme particuliere par laquelle la nature a distingué l'homme & la femme, prouve que la différence des sexes ne tient pas à quelques variétés superficielles ; mais que chaque sexe est le résultat peut-être d'autant de différences qu'il y a d'organes dans le corps humain, quoiqu'elles ne soient pas toutes également sensibles. Parmi celles qui sont assez frappantes pour se laisser appercevoir, il en est dont l'usage & la fin ne sont pas bien déterminés. Tiennent-elles au sexe essentiellement, ou sont-elles une suite nécessaire de la disposition des parties constituantes ? (1) La vie s'attache à toutes les formes, mais elle se maintient plus dans les unes que dans les autres. Les productions monstrueuses humaines vivent plus ou moins ; mais celles qui le sont extrémement périssent bientôt. Ainsi l'anatomie, éclairée autant qu'il seroit possible, pourroit décider jusqu'à quel point on peut

---

(1) Par exemple, la courbure de l'épine du dos entraîne dans un bossu le dérangement des autres parties, ce qui leur donne à tous une sorte de ressemblance que l'on pourroit appeller *air de famille*.

être monftre, c'eft-à-dire, s'écarter de la conformation particuliere à fon efpece, fans perdre la
faculté de fe reproduire, & jufqu'à quel point on
peut l'être fans perdre celle de fe conferver. L'é-
tude de l'anatomie n'a pas même encore été diri-
gée fur ce plan, pour lequel on pourroit mettre à
profit cette erreur de la nature, ou plutôt cet abus
de fes defirs & de fes facultés qui portent à la bef-
tialité.

Les productions monftrueufes d'animaux différens confervent une conformation particuliere aux
deux efpeces, en perdant infenfiblement la faculté
de fe reproduire. Les productions monftrueufes
de l'humanité nous apprendroient en outre jufqu'à
quel point l'ame raifonnable *fe tranfmet ou fe dé-
brouille*, fi l'on peut parler ainfi, d'avec l'ame
fenfitive. Il eft fingulier que la phyfique ait dédai-
gné ces recherches.

La partie conftitutive de notre être, qui nous
différencie effentiellement de la brute, eft ce que
nous appellons l'ame. Son origine, fa nature, fa
deftinée, le lieu où elle réfide font une fource in-
tariflable de problêmes & d'opinions. Les uns l'a-
néantiffent à la mort; les autres la féparent d'un
tout auquel elle fe réunit par réfufion, comme l'eau
d'une bouteille qui nageroit & que l'on cafferoit
fe réuniroit à la maffe. Ces idées ont été modifiées

à l'infini. Les Pythagoriciens n'admettoient la réfufion qu'après des tranfmigrations ; les Platoni-
ciens réuniffoient les ames pures , & purifioient
les autres dans des nouveaux corps. De là les deux
efpeces de métempfycofes que profeffoient ces
philofophes.

Quant aux difcuffions fur la nature de l'ame,
elles ont été le vafte champ des folies humaines,
folies inintelligibles à leurs propres auteurs. Thalès
prétendoit que l'ame fe mouvoit en elle-même ;
Pithagore qu'elle étoit une ombre pourvu de cette
faculté de fe mouvoir en foi-même. Platon la définit une fubftance fpirituelle fe mouvant par un
nombre harmonique. Ariftote , armé de fon mot
barbare d'*eutéléchie* , nous parle de l'accord des
fentimens enfemble. Héraclite la croit une exha-
laifon ; Pythagore un détachement de l'air ; Empé-
docle un compofé des élémens ; Démocrite , Leu-
cide , Epicure un mêlange de je ne fais quoi de
feu , de je ne fais quoi d'air, de je ne fais quoi de
vent, & d'un autre quatrieme qui n'a point de nom.
Anaragore , Anaximene , Archelaüs la compo-
foient d'air fubtil ; Hippone d'eau ; Xénophon
d'eau & de terre : Parménide de feu & de terre ;
Boëce de feu & d'air. Critius la plaçoit tout fimplement dans le fang : Hippocrate ne voyoit en
elle qu'un efprit répandu par tout le corps ; Marc-

Antonin la prenoit pour du vent ; & Critolaüs, tranchant ce qu'il ne pouvoit dénouer, la fuppofoit une cinquieme fubftance.

Il faut convenir qu'une pareille nomenclature a l'air d'une parodie ; & l'on croiroit prefque que ces grands génies fe jouoient de la majefté de leur fujet, en voyant que le réfultat de leurs méditations étoient des définitions auffi ridicules, fi en lifant les plus célebres modernes, on étoit plus éclairé fur cette matiere que par les rêveries des anciens. Ce qui réfulte de plus remarquable de leurs opinions en ce genre, c'eft que jamais on n'avoit eu jufqu'à nos dogmes modernes la moindre idée de la fpiritualité de l'ame, quoiqu'on la compofât de parties infiniment fubtiles. (1) Tous les philofophes l'ont cru matérielle, & l'on fait ce que prefque tous penfoient de fa deftinée. Quoi qu'il en foit, les folies théoriques, les hypothefes même ingénieu-

____

(1) On fait combien les peres eux-mêmes ont été partagés & ambigus fur cette matiere. S. Irénée ne faifoit pas difficulté de dire que l'ame étoit un fouffle analogue aux corps qu'elle a habités, & qu'elle n'étoit incorporelle que par rapport aux corps groffiers. Tertullien la déclare tout fimplement corporelle. S. Bernard, par une diftinction fort étrange, prétend qu'elle ne verra pas Dieu ; mais qu'elle converfera avec J. C.

fes ne nous inftruiront jamais autant que le pourroient des expériences phyfiques bien dirigées.

Ce n'eft pas que je croie qu'elles puiffent nous
apprendre, ni quelle eft la nature de l'ame ni le
lieu où elle réfide; mais les nuances de fes dégra-
dations peuvent être infiniment curieufes, & c'eft
le feul chapitre de fon hiftoire qui paroiffe nous
être abordable.

Il feroit infiniment téméraire de décider que
les brutes ne penfent point, bien que le corps ait
indépendamment de ce qu'on appelle l'ame, le principe de la vie & du mouvement. L'homme lui-
même eft fouvent machine: un danfeur fait les
mouvemens les plus variés, les plus ordonnés dans
leur enfemble, d'une maniere très-exacte, fans
donner la moindre attention à chacun de ces mouvemens en particulier. Le muficien exécuteur eft
à peu près de même: l'acte de la volonté n'inter-
vient que pour déterminer le choix de tel ou tel
air. Le branle donné aux efprits animaux, le refte
s'exécute fans qu'il y penfe; les gens diftraits, les
fomnambules font fouvent dans un véritable état
d'automates. Les mouvemens qui tendent à conferver notre équilibre, font ordinairement très-in-
volontaires; les goûts & les antipathies précedent
dans les enfans le difcernement. L'effet des impref-
fions du dehors fur nos paffions, fans le fecours
d'aucune

d'aucune penſée , par la ſoule correſpondance merveilleuſe des nerfs & des muſcles , n'eſt-il pas très-indépendant de nous ? Et ces émotions toutes corporelles répandent cependant un caractere très-marqué ſur la phyſionomie qui a une ſympathie toute particuliere avec l'ame.

Les animaux conſidérés dans un ſimple point de vue méchanique , fourniroient donc déjà un grand nombre de ſolutions à ceux qui leur refuſent le don de la penſée ; & il ne ſeroit pas très-difficile de prouver qu'une grande partie de leurs opérations même les plus étonnantes ne la néceſſitent pas. Mais comment concevoir que de ſimples automates s'entendent , agiſſent de concert , concourent à un même deſſein , correſpondent avec les hommes , ſoient ſuſceptibles d'éducation ? On les dreſſe , ils apprennent ; on leur commande , ils obéiſſent ; on les menace , ils craignent ; on les flatte , ils careſſent : enfin , les animaux nous offrent une foule d'actions ſpontanées , où paroiſſent les images de la raiſon & de la liberté ; d'autant plus qu'elles ſont moins uniformes , plus diverſifiées , plus ſingulieres , moins prévues , accommodées ſur-le-champ à l'occaſion du moment ; il en eſt de même qui ont un caractere déterminé , qui ſont jaloux , vindicatif , vicieux.

Ou de deux choſes l'une , ou Dieu a pris plaiſir

à former les bêtes vicieuses & à nous donner en elles des modeles très-odieux, ou elles ont comme l'homme un péché originel qui a perverti leur nature. La premiere proposition est contraire à la Bible, qui dit que tout ce qui est sorti des mains de Dieu étoit bon & fort bon. Mais si les bêtes étoient telles alors qu'elles sont aujourd'hui, comment pourroit-on dire qu'elles fussent bonnes & fort bonnes ? Où est le bien qu'un singe soit malfaisant, un chien envieux, un chat perfide, un oiseau de proie cruel ? Il faut recourir à la seconde proposition, & leur supposer un péché originel; supposition gratuite & qui choque la raison & la religion.

Ce n'est donc point encore une fois par des raisonnemens théoriques que l'on peut tracer la ligne de démarcation entre l'homme & la bête. Notre ame a trop peu de points de contact pour qu'il soit facile, même à la physique, de pénétrer jusqu'à elle, d'effleurer seulement sa substance & sa nature : on ne sait où fixer son siege. Les uns ont prétendu qu'elle est dans un lieu particulier d'où elle exerce son empire. Descartes a voulu la grande pinéale; Vieussens le centre ovale; Lancisi & M. de la Peyronie le corps calleux; d'autres les corps cannelés. Le climat, sa température, les alimens, un sang épais ou lent, mille causes pu-

rement phyſiques forment des obſtructions qui in-
fluent ſur ſa maniere d'être ; ainſi en pouſſant les
ſuppoſitions on varieroit les effets à l'infini, &
l'on montreroit par les réſultats, comme il ſuit
aſſez de l'expérience, qu'il n'y a guere de tête,
quelque ſaine qu'elle puiſſe être, qui n'ait quelque
tuyau fort obſtrué.

Le curieux, l'intéreſſant, l'utile, ſeroient donc
de ſavoir juſqu'à quel point un être dégradé de
l'eſpece humaine par ſa copulation avec la brute,
peut être plus ou moins raiſonnable ; c'eſt peut-
être la ſeule maniere d'aſſiéger la nature qui puiſſe
en ce genre lui arracher une partie de ſon ſecret ;
mais pour y parvenir il auroit fallu ſuivre les produits, leur donner une éducation convenable, &
étudier avec ſoin ces ſortes de phénomenes. On
auroit probablement tiré de cette opération plus
d'avantage pour le progrès des connoiſſances
humaines que des efforts qui apprennent à parler
aux ſourds & aux muets, qui enſeignent les ma-
thématiques à un aveugle, &c. ; car ceux-ci ne nous
montrent qu'une même nature, un peu moins
parfaite dans ſon principe, en ce que le ſujet eſt
privé d'un ou deux ſens, & qu'on a perfectionnée ;
au lieu que le fruit d'une copulation avec la brute,
offrant, pour ainſi dire, une autre nature, mais
entée ſur la premiere, éclairciroit pluſieurs des

points dont le développement a tant occupé tous ces êtres penſans.

Il eſt difficile de mettre en doute qu'il n'ait exiſté des produits de la nature humaine avec les animaux, & pourquoi n'y en auroit-il point eu ? La beſtialité étoit ſi commune parmi les Juifs qu'on ordonnoit de brûler le fruit avec les acteurs. Les Juives avoient commerce avec les animaux, (1) & voilà ce qui, ſelon moi, eſt bien étrange ; je conçois comment un homme ruſtique ou déréglé, emporté par la fougue d'un beſoin ou les délires de l'imagination, eſſaie d'une chevre, d'une jument, d'une vache même ; mais rien ne peut m'apprivoiſer avec l'idée d'une femme qui ſe fait éventrer par un âne. Cependant un verſet du Lévitique (2) porte: *la bête quelle qu'elle ſoit.* D'où il réſulte évidemment que les Juives ſe proſtituoient *à toute eſpece de bêtes indiſtinctement* ; voilà ce qui eſt incompréhenſible.

Quoi qu'il en ſoit, il paroît certain qu'il a exiſté des produits de chevres avec l'eſpece humaine. Les ſatyres, les faunes, les égypans, toutes ces fables en ſont une tradition très-remarquable. *Satar* en arabe ſignifie *bouc* ; & le bouc expiatoire ne fut ordonné

---

(1) Ex. XXII, 19. Lév. VII, 21. XVIII, 23.
(2) XX, 15.

par Moyſe que pour détourner les Iſraélites du goût qu'ils avoient pour cet animal laſcif. (1) Comme il eſt dit dans l'Exode qu'on ne pouvoit voir la face des dieux, les Iſraélites étoient perſuadés que les démons ſe faiſoient voir ſous cette forme, (2) & c'eſt là le Φα΄σματ ραγο. dont parle Jamblique. On trouve dans Homere de ces apparitions. Manethon, Denis d'Halicarnaſſe & beaucoup d'autres offrent des veſtiges très-remarquables de ces productions monſtrueuſes.

On a enſuite confondu les incubes & les ſuccubes avec les véritables produits. Jérémie parle de *faunes ſuffoquans*. (3) Héraclite a décrit des ſatyres qui vivoient dans les bois (4) & jouiſſoient en commun des femmes dont ils s'emparoient. Edouard Tyſon a traité dans le même genre des pygmées, des cynocéphales, des ſphynx ; enſuite

---

(1) Maimonide dans le More Nevochin, p. III, c. XLVI, s'étend ſur les cultes des boucs.

(2) Lév. XVII, 7. Exod. XXXIII, 20 & 23.

(3) Jérém. L, 39. *Faunis ſicariis* & non pas *ſicariis*. Car *des faunes qui avoient des figues* ne voudroit rien dire. Cependant Saci la traduit ainſi ; car les Janſéniſtes affectent la plus grande pureté des mœurs ; mais Berruyer ſoutient le *ſicarii* & rend ſes faunes très-actifs.

(4) Dans ſon traité Περὶ ἀπίϛων, c. XXV.

il décrit les orang-outang & les aigo-pithecoi, qui sont les classes des singes qui se rapprochent absolument de l'espece humaine ; car un bel orang-outang, par exemple, est plus beau qu'un laid Hottentot. Munster sur la Genese & le Lévitique a fait le Θραγομο᾽ϛΦι tous ces monstres, & a trouvé des choses fort curieuses des rabbins. Enfin, Abraham Seba admet des ames à ces faunes, (1) desquels il paroît qu'on ne peut guere contester l'existence.

Nous n'avons rien d'aussi positif, il est vrai, sur les centaures & les minautores ; mais il n'y a pas plus d'impossibilité à ce qu'ils aient été qu'à l'existence des produits d'autres especes. (2) Dans le siecle passé il fut beaucoup question de l'homme cornu que l'on présenta à la cour. On connoît l'histoire de la fille sauvage, religieuse à Châlons, qui vit encore, & qui pourroit très-bien avoir quelque affinité avec les habitans des bois. Feu M. le Duc avoit à Chantilly un orang-outang qui violoit les filles ; il fallut le tuer. Tout le monde a lu

---

(1) Dans son ouvrage intitulé, *Tseror hammor.* (*Fasciculus myrrhæ.*)

(2) Cependant la vulve de la vache, par exemple, se proportionne moins au membre viril que celle de la chevre ou de la guenon. Aussi les grands animaux retiennent-ils plus difficilement.

[151]

ce que Voltaire a écrit sur les monstres d'Afrique.
Il paroît que cette partie du monde, que l'on ne
connoît que bien peu, est le théatre le plus ordinaire de ces copulations contre nature ; il faut en
chercher probablement la cause dans la chaleur,
plus excessive dans ces contrées, qu'en aucun autre
endroit du globe, parce que le centre de l'Afrique,
qui est sous la ligne, est plus éloigné des mers que
les terres des autres parties du monde situées dans
des latitudes semblables. Les accouplemens monstrueux y doivent donc être assez communs, & ce
seroit là la véritable école des altérations, des dé-
gradations (1) & peut-être du *perfectionnement*
physique de l'espece humaine. Je dis du *perfectionnement*; car qu'est-ce qu'il y auroit de plus beau
dans les êtres animés que la forme du centaure,
par exemple ?

____

(1) Le roi de Loango, en Afrique, quand il siege
sur son trône, est entouré d'un grand nombre de nains
remarquables par leur difformité. Ils sont assez communs dans ses états. Ils n'ont que la moitié de la taille
d'un homme ordinaire ; leur tête est fort large, & ils
ne sont vêtus que de peaux d'animaux. On les nomme
Mimos ou *Bakke-bakke*. Lorsqu'ils sont auprès du roi,
on les entre-mêle avec des negres blancs pour faire un
contraste. Cela doit former un spectacle fort bizarre
& qui n'est bon à rien ; mais si le roi de Loango mêloit
ces races, on auroit peut-être des résultats très-curieux.

K 4

Notre illuſtre Buffon a déjà fait en ce genre tout ce qu'un particulier, qui n'eſt pas riche, peut ſe permettre. Nous avons la ſuite de ces variétés dans les eſpeces de chiens, les accoup'emens de différentes eſpeces d'animaux, l'hiſtoire des produits des mulets, découverte entiérement neuve, &c. Mais ce grand homme ne nous a pas donné ſes expériences ſur les mélanges des hommes avec les bêtes, & c'eſt ce qu'il faudroit imprimer, afin qu'il fût poſſible de ſuivre ſes grandes vues, & qu'en perdant un ſi beau génie, nous ne perdiſſions pas la ſuite de ſes idées.

La beſtialité exiſte plus communément qu'on ne croit en France, non par goût, heureuſement, mais par beſoin. Tous les pâtres des Pyrénées ſont beſtiaires. Une de leurs plus exquiſes jouiſſances eſt de ſe ſervir des narines d'un jeune veau qui leur leche en même tems les teſticules. Dans toutes ces montagnes peu fréquentées, chaque pâtre a ſa chevre favorite. On ſait cela par les curés Baſques. On devroit, par la voie de ces curés, faire ſoigner ces chevres engroſſées & recueillir leurs produits. L'intendant d'Auſch pourroit aiſément parvenir à ce but, ſans faire révéler des confeſſions, (1)

____

(1) C'eſt dommage que les Romains n'aient pas eu comme nous la confeſſion auriculaire; nous ſau-

(abus de religion atroce dans tous les cas ;) il
pourroit se procurer de ces produits monstrueux
par ces curés ; le curé demanderoit à son pénitent
sa maitresse, qu'il remettroit au subdélégué de
l'endroit, sans révéler le nom de l'amant. Je ne
vois pas quel inconvénient il y auroit, à tourner
au profit des progrès des connoissances humaines,
un mal que l'on ne sauroit guere empêcher.

---

rions tous leurs petits secrets domestiques, comme
on fait les nôtres. On sauroit si les Romains désho-
noroient aussi brutalement le mariage que nous le
faisons. Enfin, nous n'avons pas même de détails sur
les conversations des bourgeois. Rien ne devoit être
plus plaisant que les entretiens d'une famille qui avoit
été le matin sacrifier à Priape ; les jeunes filles & les
jeunes garçons de la famille devoient avoir tout le
reste de la journée de singulieres idées.

L'ANOSCOPIE.

L'ANOSCOPIE.

On fait que dans tous les fiecles, les jongleurs, les charlatans, devins, médecins, politiques ou philofophes, (car il en eft de toutes ces fortes) ont eu plus ou moins d'influence. La nature de l'homme, fans ceffe ballotté entre le defir & la crainte, offre tant d'hameçons à l'ufage de ceux qui établiffent leur crédit ou leur fortune fur la crédulité de leurs femblables, qu'il y a toujours pour eux quelque heureufe découverte à faire dans l'océan fans bornes des fottifes humaines ; & quand on fe contenteroit de rajeunir les vieilles fafcinations, les folies furannées, cet appât eft fi bien proportionné à l'avidité ignorante & groffiere du peuple, auquel il eft fur-tout deftiné, que fon effet eft infaillible, quelqu'ignorans & mal-adroits que puiffent être les profeffeurs dans l'art fi facile de tromper les hommes. La philofophie & la phyfique expérimentale plus cultivées, en détrompant fans doute un grand nombre ; mais celui où le progrès des connoiffances humaines peut pénétrer, fera toujours de beaucoup le plus petit.

Le mot de *devin* se trouve très-souvent dans la Bible ; ce qui justifie l'ancienne remarque qu'il n'y a eu parmi les auteurs sacrés que peu ou point de philosophes. Moyse défend gravement de consulter les devins. « La personne, dit-il, qui se détour- » nera après les devins & les sorciers en *paillar-* » *dant* avec eux, je mettrai ma face contre la » sienne. » (1) Il y a plusieurs classes de sorciers indiqués dans l'Ecriture.

Chaurnien en hébreu signifioit sages. Mais cette expression étoit fort équivoque & susceptible des diverses acceptions de *sagesse vraie* , *sagesse fausse* , *maligne* , *dangereuse* , *affectée*. Ainsi dans tous les tems il fut des hommes assez politiques, assez ha- biles pour faire servir les apparences de la sagesse à leurs intérêts, au succès de leurs passions, & pour détourner l'étude, la science & le talent du seul emploi qui les honore ; je veux dire la recher- che & la propagation de la vérité.

Les *Mescuphins* étoient ceux qui devinoient dans des choses écrites les secrets les pus cachés ; les tireurs d'horoscope, les interprètes des son- ges, les diseurs de bonne aventure manœuvroient ainsi.

Les *Carthumiens* étoient les enchanteurs ; par

______

(1) Lév. XX, 16.

leur art ils fafcinoient les yeux & fembloient opérer des changemens fantaftiques ou véritables dans
les objets & dans les fens.

Les *Afaphins* ufoient d'herbes, de drogues
particulieres & du fang des victimes pour leurs
opérations fuperftitieufes.

Les *Cafdins* lifoient dans l'avenir par l'infpec-
tion des aftres : c'étoient les aftrologues de ce
tems-là.

Ces honnétes gens qui ne valoient affurément
pas nos Comus étoient en fort grand nombre ; ils
avoient dans les cours des plus grands rois de la
terre un crédit immenfe ; car la fuperftition qui a
fi bien fervi le defpotifme, l'a toujours foumis à
fes loix ; & du fein de cette confédération terrible
qui a ourdi tous les maux de l'humanité, le triom-
phe de la fuperftition a toujours jailli ; les miniftres
de la religion étoient trop habiles pour fe deffaifir
d'aucune des parties de leur pouvoir : ils confer-
verent avec foin tout ce qui avoit trait à la divi-
nation ; ils fe donnerent en tout pour les confidens
des dieux, & ceignirent aifément du bandeau de
l'opinion des hommes qui ne favoient pas même
douter, fcience qui eft à peu près la derniere dont
l'homme s'inftruife.

De tous les peuples qui ont rampé fous le joug
de la fuperftition, nul n'y fut plus foumis que les

Juifs; on recueilleroit dans leur histoire une infinité de détails sur leurs pratiques folles & coupables.
La grace que Dieu leur faisoit en leur envoyant
des propheres pour les instruire de sa volonté,
devenoit pour ces hommes grossiers & curieux un
piege auquel ils n'échappoient pas. L'autorité des
prophetes, leurs miracles, le libre accès qu'ils
avoient auprès des rois, leur influence dans les
délibérations & les affaires publiques, les faisoient
tellement considérer par la multitude, que l'envie
d'avoir part à ces distinctions, en s'arrogeant le
don de prophétie devenoit une passion dévorante,
enforte que si l'on a dit de l'Egypte que tout y
étoit *dieu*, il fut un tems où l'on pouvoit dire de
la Palestine que tout y étoit *prophete :* il y en eut
sans doute plus de faux que de vrais ; on n'ignore
pas même que les Juifs avoient des enchantemens
& des philtres particuliers pour inspirer le don de
prophétie dans lesquels ils faisoient usage de sperme
humain, de sang menstruel, & de tout plein d'autres choses aussi inutiles que dégoûtantes à avaler ;
mais les miracles sont une chose si aisée à opérer
aux yeux du peuple ; & la pieuse obscurité des
discours, le ton apocalyptique, l'accent enthou-
siaste sont si imposans, que les succès furent très-
partagés entre les vrais & les faux prophetes ; ceux-ci
eurent recours aux arts & aux sciences occultes ;

ils

ils firent reſſource de tout & parvinrent à élever autel contre autel.

Moyſe lui-même nous dit dans l'Exode que les enchanteurs de Pharaon ont opéré des miracles vrais ou faux ; mais que lui, envoyé du Dieu vivant & ſoutenu de ſon pouvoir, en a fait de beaucoup plus conſidérables qui ont griévement affligé l'E-gypte, parce que le cœur de ſon roi étoit endurci. Nous devons le croire religieuſement, & ſur-tout nous applaudir de n'en avoir pas été ſpectateurs. Aujourd'hui que l'illuſion des joueurs de gobelets, tout ce que la méchanique peut avoir de plus propre à ſurprendre, à induire en erreur, les étonnans ſecrets de la chymie, les prodiges ſans nombre qu'ont opéré l'étude de la nature & les belles expé-riences qui chaque jour levent une petite partie du voile qui couvre ſes opérations les plus ſecretes ; aujourd'hui, dis-je, que nous ſommes inſtruits de tout cela juſqu'à un certain point, il ſeroit à craindre que notre cœur ne s'endurcit comme celui de Pharaon ; car nous connoiſſons infiniment moins le démon que les ſecrets de la phyſique ; &, comme on l'a remarqué, il ſemble que, grace au goût de la philoſophie qui nous inveſtit & fran-chit peu à peu les barrieres mêmes juſqu'ici les plus impénétrables, l'empire du démon va tous les jours en déclinant.

L.

Peut-être feroit-ce un ouvrage affez curieux que l'hiftoire détaillée, autant qu'elle peut l'être, des augures, des arufpices, des prophetes, de leurs manœuvres, des divinations de toute efpece, décrites ou dévoilées par l'œil févere & perfpicace d'un philofophe. Mais de toutes celles qu'il pourroit expofer aux yeux deffillés des nations, il n'en feroit pas de plus bizarre que celle qui fauva d'une trifte cataftrophe une fociété fameufe par fon zele pour la propagation de la foi, & qui, trop perfuadée que cette foi fuffifoit pour pénétrer dans les ténebres de l'avenir, contracta avec une légéreté fort imprudente un engagement qu'elle n'auroit pu remplir, fans le fecours fortuit d'un horofcope très-étrange.

Un effaim de Jéfuites envoyé à la Chine y prêchoient la vraie religion, lorfqu'une féchereffe effroyable fembla deftiner cet empire à n'être plus qu'un vafte tombeau ; les Chinois alloient périr & avec eux les Jéfuites, vainement invoqués par le defpote, fans un miracle qu'ils preffentirent avec une merveilleufe fagacité, & qui a rendu à jamais cette fociété fameufe dans ces contrées défolées. Un poëte moderne a raconté cette anecdote d'une maniere plus piquante que nous ne le faurions faire, & nous nous bornerons à tranfcrire fes vers, fans approuver fes licences.

Fiers rejettons du fameux Loyola,
Dont Port-Royal a foudroyé l'école ;
Vous que jadis fans ceffe harcela
Le grand Pafcal, étayé de Nicole ;
Vous qui, de Rome ufant les arfenaux,
Fîtes frapper du fatal anathême,
Pour foutenir votre lâche fyftême,
Les Auguftins, fous le nom des Arnaud.
Vous, dont Quefnel, digne fils de Bérule,
A tant de fois éprouvé la férule,
Et qui voyant dans fes puiffans écrits,
Des Molina les fentimens profcrits ;
Contre fon livre, au benin Clément onze,
Fîtes pointer le redoutable bronze.
Vous qui dans Chine alliez à la fois,
Confucius & Dieu mort fur la croix ;
Et dont le culte équivoque & commode,
Rapporte à Dieu celui d'une pagode.
De la morale éternels corrupteurs ;
Qui du falut élargiffez la voie,
Et qui, guidans par des chemins de fleurs,
Les pénitens que le ciel vous envoie,
Au champ de Dieu ne femez que l'ivroie.
Des grands du fiecle adroits adulateurs ;
Vils artifans de menfonge & de fourbe,
De qui le dos fous l'iniquité courbe ;
Qui démafqués & par-tout reconnus
Etes pourtant par-tout les bien venus.
(Car il n'eft lieux de l'un à l'autre pôle,
Où Dieu merci n'ayez le premier rôle.)
Dites-nous donc, par quel puiffant moyen,
Vous trouvez l'art d'en impofer aux autres,

Et de coëffer la mître des apôtres,
Chez l'infidele & le peuple chrétien ?
Si l'on en croit vos longs martirologes,
Où le menfonge a tracé vos éloges,
L'Inde rougit du fang de nos martirs :
Sur un trépied vous rendez des oracles ;
Et le païen avide de miracles,
Les voit éclore au gré de fes defirs.
L'aride mort au teint livide & blême,
Lâche fa proie à votre voix fuprême ;
Par vous le fang qu'elle a coagulé,
Dans les vaiffeaux a de nouveau coulé,
A l'ordre feul d'un petit taumaturge,
L'air de vapeurs ou fe charge ou fe purge ;
Et vous avez à vos commandemens,
Le vent, la foudre & tous les élémens.

A ce propos on m'a fait certain conte,
Mes révérends, qu'il faut que je vous conte.
A Lima, dans Golconde, où la terre en fon fein,
De fes fablons forme la riche pierre,
Dont le poli réfléchit la lumiere
En cent façons ; étoit un jeune effaim
D'Ignatiens, qui dans l'ame indienne,
Alloient, Dieu fait, plantant la foi chrétienne.
Tous les beaux fils qu'a l'Inde fur fon bord,
Etoient par eux catéchifés d'abord.
Les Cordeliers qu'ils avoient pour annexe,
De leur côté baptifoient le beau fexe.
Tout alloit bien ; & leur apoftolat
Fructifioit, moyenant ce partage,
Si, que de Dieu, le nouvel héritage
Alloit croiffant avec beaucoup d'éclat.

Là le démon qu'en figure de bronze,
Fait adorer l'ignorance du bonze ;
Graces aux fils d'Ignace & de François,
Alloit perdant tous les jours de fes droits.
L'Ignatien à ces nouvelles plantes,
Diftribuoit les graces fuffifantes ,
Si largement que l'efficace là
Glanoit après les fils de Loyola
Petitement. Quoi qu'il en foit , les drôles ,
Par maints bons tours, maintes belles paroles ,
Paffoient pour faints , fe faifoient vénérer
Du peuple Indien qu'ils favoient attirer.
Le bruit en vint jufqu'au roi de Golconde :
Ce prince étoit un vieux païen fieffé ,
Qui de fon diable étoit fi fort coëffé ,
Qu'il n'encenfoit que cet efprit immonde,
Il vouloit voir ces apôtres nouveaux ,
Que de fon diable on difoit les rivaux.
Bien croyoit-il entendre des oracles ,
Et comme Hérode aller voir des miracles.
Nos révérends, le crucifix en main ,
Lui prêchent Dieu , mort pour le genre humain,
En déclamant contre le fimulacre
De Satanus. Le roi dont la bile âcre
Jà s'échauffoit à leurs beaux plaidoyers ,
Leur dit : meffieurs , quand aux dieux on infulte ,
Et qu'on annonce un fi fingulier culte ;
Encor faut-il de preuves l'étayer.
Depuis fix mois la féchereffe afflige
Tout mon royaume ; & votre zele exige
Que de ce Dieu vous obteniez de l'eau.
Si dans trois jours vous n'en faites répandre ,

Comme impofteurs je vous ferai tous pendre :
Penfez-y bien. Nos frocards eurent beau
Repréfenter à l'abfolu monarque,
Que ce feroit tenter le Tout-puiffant :
Nous connoîtrons, dit-il, à cette marque,
S'il eft le Dieu fur la terre agiffant.
Force fut donc aux moines d'en promettre,
Sauf à tenter l'avis du barometre,
Qui confulté par eux tous les inftans,
Ne répondoit jamais que du beau tems.
Tous de concert alloient plier bagage,
Pour le martyre éprouvant peu d'attraits,
Quand un frater qu'ils laiffoient là pour gage,
Et qui pour eux auroit payé les frais,
D'un tel départ leur demanda la caufe.
Las ! dirent-ils, le prince nous propofe
De décorer nos collets de la hard,
S'il ne pleut pas dans trois jours au plus tard.
Quoi, voilà tout ? allez, reprit le frere,
Par Loyola, patron du monaftere,
Dites au roi que dès demain matin
Nous en aurons, ou j'y perds mon latin.
Pas ne mentoit notre moderne Elie :
Du fein des mers un nuage élevé,
A point nommé de fa féconde pluie,
Vit du pays chaque champ abreuvé.
Et de crier en Golconde au miracle,
Et de donner le bon frere en fpectacle,
Qui dit tout bas à nos moines joyeux ;
Mes révérends, fi j'ai tenu parole,
Vous le devez à certaine v.....
Qu'exprès pour vous me confervent les cieux.

Toutes les fois que l'atmofphere aride,
Va condenfant de nouvelles vapeurs,
L'air furchargé de l'élément humide,
Ne manque pas de doubler mes douleurs.
On n'en dit mot à meffieurs de Golconde,
Dans le pays il refta conftaté,
Que ce n'étoit qu'un fruit de fainteté,
Et non celui de cette pefte immonde,
Dont le pénard fe trouvoit infecté.
Puifque le bien naît ainfi du défordre,
Que le bon Dieu la conferve à tout l'ordre.

On voit, toute plaifanterie à part, combien cet étrange barometre fut utile & à la Chine & aux miffionnaires qui en ont rapporté leur fameufe querelle fur les lavemens. Les Chinois ne connoiffent cette forte d'injection qu'on porte dans les inteftins par le fondement que depuis l'introduction des Jéfuites dans leur empire ; auffi ces peuples en s'en fervant l'appellent-ils *le remede des barbares*.

Les Jéfuites qui voyoient que le mot ignoble de *lavement* avoit fuccédé à celui de *clyftere*, gagnerent l'abbé de S. Cyran, & employerent leur crédit auprès de Louis XIV, pour obtenir que le mot *lavement* fut mis au nombre des expreffions déshonnêtes ; enforte que l'abbé de S. Cyran les reprocha au pere Garaffe, qu'on appelloit l'Hélene de la guerre des Jéfuites & des Janféniftes ; « mais, » difoit le pere Garaffe, je n'entends par *lave-*

» *ment* que *gargarifme* : ce font les apothicaires
» qui ont profané ce mot à un ufage mefféant. »
On fubftitua donc le mot *remede* à celui de *lave-*
ment. Remede comme équivoque parut plus hon‑
nête, & c'eft bien là notre genre de chafteté. Louis
XIV accorda cette grace au pere le Tellier. Ce
prince ne demanda plus de *lavement*, il demandoit
fon remede ; & l'académie fut chargée d'inférer
ce mot avec l'acception nouvelle dans fon diction‑
naire..... Digne objet d'une intrigue de cour !

Il paroît que cette honteufe maladie, appellée
criftalline, qui fut le *barometre jéfuitique* dans la
patrie de Confucius, & qui, dit-on, fe perpétuoit
dans l'ordre des Jéfuites de pere en frere, n'étoit
autre chofe que la maladie dont parle l'écriture :
le Seigneur frappa ceux de la ville & de la campa‑
gne dans le fondement. (1) C'eft pour la guérifon
de cette maladie que les Jéfuites ont une meffe
imprimée dans un miffel (2) à l'honneur de S.
Job. Il n'y a rien là qui forme inconféquence avec
leur morale ; car il eft certain que leurs cafuiftes
encouragent à braver le danger de la criftalline,
bien loin de l'improuver, quand ils croient que
l'œuvre de Dieu peut y être intéreffée. On lit dans

---

(1) Rois 1, c. ℣. 26.
(2) A Venife en 1542.

le receuil du pere Jéfuite Anufin un fingulier fait
arrivé à l'un de leurs novices qui s'amufoit avec
un jeune homme, & qui fut furpris au milieu de
fes débats par un de fes confreres. Celui-ci avoit
eu la prudence d'obferver à travers la ferrure &
de fe taire ; mais quand l'opération fut finie & le
novice forti, « malheureux, lui dit fon camarade,
» que viens-tu de faire ? J'ai tout vu ; tu mériterois
» que je te dénonçaffe; tu es encore tout enflammé
» de luxure..... tu ne peux pas nier ton crime... --
» Eh, mon cher ami, répond le coupable d'un ton
» de confiance & d'affection, vous ne favez donc
» pas que c'eft un Juif ? je le convertirai, ou il
» reftera l'ennemi de J. C. Dans l'une ou l'autre
» fuppofition n'ai-je pas raifon de le féduire, ou
» pour le fauver ou pour le rendre plus coupa-
» ble ? » A ces mots le novice obfervateur per-
fuadé, convaincu, pénétré d'admiration, fe prof-
terne, baife les pieds de fon confrere, fait fon
rapport ; & le novice agent eft enregiftré parmi
les opérateurs des œuvres du Très-haut.

LA
LINGUANMANIE.

LA

LINGUANMANIE.

S i l'on réduifoit toutes les paffions de l'homme à fes affections primitives, tous fes idiômes à l'ex-preffion de fes penfées-meres, fi je puis parler ainfi, en dépouillant celles-là de toutes les nuances dont il les a défigurées, & ceux-ci de toutes les acceptions dont il a furchargé leurs fignes, les dictionnaires feroient moins volumineux & les fo-ciétés moins corrompues.

Par exemple, combien l'imagination n'a-t-elle pas brodé en amour le canevas de la nature? Si fes efforts fe fuffent bornés à l'embellir des illufions morales les plus touchantes, nous devrions nous en applaudir. Mais il y a beaucoup plus d'imagi-nations déréglées que d'imaginations fenfibles ; & voilà pourquoi il y a plus de libertinage que de tendreffe parmi les hommes ; voilà pourquoi il faut maintenant une foule d'épithetes pour retracer toutes les nuances d'un fentiment, qui tiede ou exalté, vicieux ou héroïque, généreux ou coupa-

ble, n'eft après tout & ne fera jamais que le penchant plus ou moins vif d'un fexe vers l'autre.
L'impudicité, la lubricité, la lafciveté, le libertinage, la mélancolie érotique font des qualités très-
diftinctes, & ne font cependant que des nuances plus ou moins fortes des mêmes fenfations.
La lubricité, la lafciveté, par exemple, font des
aptitudes purement naturelles au plaifir ; car plufieurs efpeces d'animaux font lafcifs & lubriques ;
mais il n'en eft point d'*impudiques*. L'impudicité
eft une qualité inhérente à la nature raifonnable,
& non pas une propenfion naturelle, comme la
lubricité. L'impudicité eft dans les yeux, dans la
contenance, dans les geftes, dans les difcours :
elle annonce un tempérament très-violent, fans
en être la preuve bien certaine ; mais elle promet
beaucoup de plaifir dans la jouiffance, & tient fa
promeffe, parce que l'imagination eft le véritable
foyer de la jouiffance que l'homme a variée, prolongée, étendue par l'étude & le rafinement des
plaifirs.

Mais enfin, ces dénominations & toutes les
autres de cette efpece, ne font autre chofe qu'un
appétit violent qui porte à jouir fans mefure, à
chercher fans cette retenue, peut-être plus naturelle qu'on ne croit, mais dans fa plus grande
partie d'inftitution humaine ; à chercher, dis-je,

fans cette retenue que nous appellons *pudeur*, les moyens les plus variés, les plus induſtrieux, les plus ſûrs de ſe ſatisfaire, d'éteindre des feux qui dévorent, mais dont la chaleur eſt ſi ſéduiſante, qu'on les provoque aprés les avoir éteints.

Cet état tient purement à la nature & à notre conſtitution. C'eſt la faim, le ſentiment du beſoin de prendre ſa nourriture, lequel par excès de ſenſualité produit la gourmandiſe, & par la privation trop longue des moyens de ſe ſatisfaire, dégénere en rage. Le deſir de la jouiſſance qui eſt un beſoin tout auſſi naturel, quoique moins fréquent & plus ou moins impérieux, ſelon la diverſité des tempéramens, ſe porte quelquefois juſqu'à la manie, juſqu'aux plus grands excès phyſiques & moraux, qui tous tendent à la jouiſſance de l'objet par lequel peut être aſſouvie la paſſion ardente dont on eſt agité.

Cette fievre dévorante s'appelle chez les femmes *nimphomanie ;* (1) elle s'appelleroit chez les hommes *mentulomanie*, s'ils y étoient auſſi ſujets qu'elles ; mais leur conformation s'y oppoſe, & plus encore leurs mœurs qui, exigeant moins de retenue & de contrainte, & ne comptant la pudeur qu'au nombre de ces raffinemens dont l'induſtrie

---

(1) Νιφωμανη.

humaine a fu embellir ou nuancer les attraits de
la nature, ne les expofent point aux ravages des
defirs trop réprimés ou trop exaltés. D'ailleurs nos
organes étant beaucoup plus fufceptibles de mouvemens fpontanés, que ceux de l'autre fexe, l'in-
tenfité des defirs peut rarement être auffi dangereufe, bien que les hommes auffi bien que les
femmes aient des maladies produites par une caufe
à peu près pareille; (1) mais dont une conftitution mâle, plus aifée à détendre, ne fauroit être
auffi long-tems pénétrée.

Il feroit trifte, il feroit hideux de raconter les
effets fi bizarres de la nymphomanie. Peut-être le
déréglement de l'imagination y contribue-t-il
beaucoup plus que l'énergie vénérienne que le fujet qui en eft attaqué a reçu de la nature. En effet,
le prurit de la vulve n'eft point du tout la nymphomanie. Le prurit peut être, à la vérité, une
difpofition à cette manie; mais il ne faut pas
croire qu'il en foit toujours fuivi. Il excite, il force
à porter les doigts dans les conduits irrités ; à les
frotter pour fe procurer du foulagement, comme
il arrive dans toutes les parties du corps que l'on
agace dans la même vue, pour y atténuer les caufes irritantes. Ces titillations, ces attouchemens,

____

(1) Le fatyriafis, le priapifme, la falacité, &c.

quelque

quelques vifs & defirés qu'ils puiffent être, fe font
du moins fans témoins; au lieu que ceux qu'occa-
fione la nymphomanie bravent les fpectateurs &
les circonftances. C'eft que le prurit ne s'établit
que dans la vulve, au lieu que la manie forcenée
de la jouiffance réfide dans le cerveau. Mais la
vulve lui tranfmet en outre l'impreffion qu'elle re-
çoit avec des modifications propres à inveftir
l'ame d'une foule d'idées lafcives. De là ce feu s'a-
limente lui même ; car la vulve eft affectée à fon
tour par l'influence de l'ame avide de volupté,
indépendamment de toute impreffion des fens,
& réagit fur le cerveau. Ainfi l'ame eft de plus en
plus profondément pénétrée de fenfations & d'i-
dées lafcives, qui, ne pouvant pas fubfifter trop
long-tems fans la fatiguer, détermine fa volonté
à faire ceffer cette inquiétude attachée à la prolon-
gation de tout fentiment trop vif, à employer tout
les moyens imaginables pour parvenir à ce but.

Il eft incroyable combien l'induftrie humaine
aiguifée par la paffion a varié les moyens de donner du plaifir, ou plutôt les attitudes du plaifir ;
car il eft toujours le même, & nous avons beau
lutter contre la nature, nous ne dépafferons pas
fon but. Elle paroît avoir diftribué à la vérité beaucoup de provoquans dans fes productions. (1)

______

(1) Sennert cite une femme qui ayant bu un peu de

M

mais il est certain que les fibres du cerveau s'étendent indépendamment d'aucune affection immédiate de la nature. Tout ce qui échauffe l'imagination, agace les sens ou plutôt la volonté à laquelle très-souvent les sens ne suffisent point, & ceux-ci sont au moins autant aidés par celle-là, que l'imagination peut jamais l'être par le tempérament le plus vif, le plus ardent, par les sens les mieux disposés, les mieux servis de l'âge & des circonstances.

Ensuite comme c'est le propre de toutes les passions de l'ame de devenir plus violentes, en raison de la résistance, & que la nymphomanie n'est pas facile à contenter, elle finit par être insatiable. Les femmes qui en sont atteintes ne gardent plus aucune mesure ; & ce sexe si bien fait pour une molle résistance, pour étaler tous les charmes de la timide pudeur, déshonore dans cette affreuse maladie, ses attraits par les plus sales prostitutions ; il demande, il recherche, il attaque ; les desirs s'irritent par ce qui sembleroit devoir suffire pour les assouvir, & qui suffiroit en effet,

____

borax dissous, tomba en nymphomanie ; & Muller conseille le musc mêlé avec des huiles aromatiques, introduits d'une maniere quelconque, pour lubrifier le vagin.

ſi le ſimple prurit de la vulve ſollicitoit le plaiſir.
Mais quand le foyer du deſir eſt le cerveau, il s'ac-
croît ſans ceſſe; & Meſſaline plutôt laſſée que raſ-
faſiée, (1) court ſans relâche après le plaiſir &
l'amour qui la fuit avec horreur.

Il faut en convenir cependant: l'obſervation
nous offre en ce genre quelques phénomenes qui
ſemblent le ſimple ouvrage de la nature. M. de
Buffon a vu une jeune fille de douze ans, très-
brune, d'un tein vif & très-coloré, de petite taille
mais aſſez graſſe, déjà formée & ornée d'une jolie
gorge, qui faiſoit les actions les plus indécentes
au ſeul aſpect d'un homme. La préſence de ſes parens, leurs remontrances, les plus rudes châtimens,
rien ne la retenoit; elle ne perdoit cependant pas
la raiſon, & ſes accès affreux ceſſoient quand elle
étoit avec des femmes. Peut-on ſuppoſer que cet
enfant avoit déjà beaucoup abuſé de ſon inſtinct?

En général, les filles brunes, de bonne ſanté,
d'une complexion forte, qui ſont vierges, & ſur-
tout celles qui, par leur état, ſemblent deſſinées

---

(1) *Mox lenone ſuas jam dimittente puellas,*
Triſtis ubit. Sed quod potuit tamen ultimam cellam,
Clauſit, ad huc ardens rigidæ tentigine vulvæ
Et reſpina jacens multorum abſorbuit cœtus
Et laſſata viris, nec dum ſatiata receſſit. (Juv. l. II. ſat. 6.)

à ne pouvoir ceſſer de l'être ; les jeunes veuves, les femmes qui ont des maris peu vigoureux, ont le plus de diſpoſition à la nymphomanie, & cela ſeul prouveroit que le principal foyer de cette maladie eſt dans une imagination trop aiguiſée, trop impétueuſe ; mais que l'inaction, contre nature, des ſens pourvus de force & de jeuneſſe en eſt auſſi un des principaux mobiles. Il eſt donc juſte que chaque individu conſulte ſon inſtinct dont l'impulſion eſt toujours ſûre. Quiconque eſt conformé de maniere à procréer ſon ſemblable, a évidemment droit de le faire ; c'eſt le cri de la nature qui eſt la ſouveraine univerſelle, & dont les loix méritent ſans doute plus de reſpect que toutes ces idées factices d'ordre, de régularité, de principes dont nous décorons nos tyranniques chimeres & auxquelles il eſt impoſſible de ſe ſoumettre ſervilement, qui ne font que d'infortunées victimes ou d'odieux hypocrites, & qui ne reglent rien pas plus au phyſique qu'au moral que les contrariétés faites à la nature ne peuvent jamais ordonner. Les habitudes phyſiques exercent un empire très-réel, très-deſpotique, ſouvent très-funeſte, & expoſent plus ſouvent à des maux cruels qu'elles n'aiment contr'eux. La machine humaine ne doit pas être plus réglée que l'élément qui l'environne ; il faut travailler, ſe fatiguer même, ſe repoſer, être

naÂif, felon que le fentiment des forces l'indique
Ce feroit une prétention très-abfurde & très-ridicule que de vouloir fuivre la loi d'uniformité, & fe fixer à la même afliette, quand tous les êtres avec lefquels on a des rapports intimes font dans une viciffitude continuelle. Le changement eft néceffaire, ne fût-ce que pour nous préparer aux fecouffes violentes qui quelquefois ébranlent les fondemens de notre exiftence. Nos corps font comme des plantes dont la tige fe fortifie au milieu des orages par le choc des vents contraires.

L'exercice, une gymnaftique bien conçue feroient fans doute la reffource la plus efficace contre les fuites dangereufes de la vie inactive; mais cette reffource n'eft pas également à l'ufage des deux fexes. L'équitation, par exemple, ne paroît pas très-convenable aux femmes, qui ne peuvent guere en ufer qu'avec danger, ou avec des précautions qui la rendent prefque inutile. Il eft fi vrai que la nature ne les a pas difpofées pour cet exercice, que là feulement elles paroiffent perdre les graces qui leur font particulieres, fans prendre celles du fexe qu'elles veulent imiter.

La danfe paroît plus compatible aux agrémens propres aux femmes; mais la maniere dont elles s'y livrent eft fouvent plus capable d'énerver que de fortifier les organes. Les anciens qui ont eu le grand art de faire fervir les plaifirs des fens au profit du corps, avoient fait de la danfe une partie de leur gymnaftique: ils employoient la mufique pour calmer ou diriger les mouvemens de l'ame; ils embellifloient l'utile, ils rendoient falutaire la volupté.

Mais fi dans la naiffance des corps politiques les amufemens furent affortis à la févérité des inftitutions dont ces corps tiroient leur force, ils dégénérerent bien rapidement avec les mœurs, (1) & fi les anciens s'occuperent d'abord à trouver tout ce qui pouvoit augmenter les forces & conferver la fanté, ils en vinrent à ne chercher qu'à faciliter & étendre les jouiffances; & c'eft encore ici une occafion de remarquer combien nous les

____

(1) Je doute, par exemple, que la *corycomachie* ou la *coricobolie*, qui étoit la quatrieme fphériftique des Grecs, ait refté en ufage chez eux, lorfqu'ils furent devenus le peuple le plus élégant de la terre. On fufpendoit au plancher un fac rempli de corps lourds; on le prenoit à deux mains, & on le portoit auffi loin que la corde pouvoit s'étendre; après quoi lâchant le fac, ils le fuivoient, & lorfqu'il revenoit vers eux, ils fe reculoient pour céder à la violence du choc, puis le repouffoient avec force. (Voyez M. Burette fur la gymnaftie des Grecs & des Romains.) Je ne crois pas qu'un tel exercice ait été du goût des petites maîtreffes d'aucun fiecle.

exaltons pour nous calomnier nous-mêmes. Quel parallele y a-t-il à faire de nos mœurs avec l'esquisse que je vais tracer?

Quand une femme avoit *coricobolé* une demi-heure, de jeunes perfonnes, foit filles, foit garçons, felon le goût de l'actrice, l'effuyoient avec des peaux de cygne. Ces jeunes gens s'appelloient *Jatraliptæ*. Les *Unctores* répandoient enfuite les effences. Les *Fricatores* détergeoient la peau. Les *Alipilari'i* épiloient. Les *Dropacistæ* enlevoient les corps & les durillons. Les *Paratiltriæ* étoient de petits enfans qui nétoyoient toutes les ouvertures, les oreilles', l'anus, la vulve, &c. Les *Picatrices* étoient de jeunes filles uniquement chargées du foin de peigner tous les cheveux que la nature a répandus fur le corps, pour éviter les croifemens qui nuifent aux intromiffions. Enfin, les *Tractatrices* pétriffoient voluptueufement toutes les jointures pour les rendre plus fouples. Une femme ainfi préparée fe couvroit d'une de ces gazes, qui, felon l'expreffion d'un ancien, reffembloient à *du vent tiffu*, & laiffoit briller tout l'éclat de la beauté; elle paffoit dans le cabinet des parfums, où au fon des inftrumens qui verfoient une autre forte de volupté dans fon ame, & e fe livroit aux tranfports de l'amour... Portons-nous les ra-

finemens de la jouiſſance juſqu'à cet excès de recherches ? (1)

---

(1) Une ſimple nomenclature d'une très-petite partie des mots de leur dictionnaire de volupté , ſi je puis
parler ainſi , peut décider la queſtion.

La *corycobole* étoit une tronchine.

Les *jatraliptes* , les eſſuyeurs en cygne.

Les *unctores* , les parfumeuſes.

Les *fricatores* , les frotteuſes.

Les *tractatrices* , les preſſureuſes ou pétriſſeuſes.

Les *dropacijta* , les enleveuſes de durillons.

Les *alipſaires* , les épilateurs.

Les *paratiltres* , les vulvaires.

Les *picatrices* , les parfileuſes en vulves.

La *famiane* , le parterre de la nature. (Voyez ci-
après.)

L'*hirciſſe* , le bouquinage des vieilles.

La *conrobole* , κυιροπωλῶ. (Pour peu qu'on ſache le
grec lon m'entend.)

La *clitoride* , ou contraction du clitoris.

La *corinthienne* , la mobilité des charnieres.

La *lesbienne* , les cunni-langues.

La *ſphniſſiende* , le poſtillon.

La *phicidiſſienne* , la pollution de l'enfance.

Sardanapaliſer , vautrer entre les eunuques & les filles.

Chalcidiſſer , le léchement des teſticules.

Fellatricer , ſucer le gland.

Phœniciſſer , irrmuer en miel. &c. &c.

Une preuve qu'ils étoient plus aguerris que nous,
c'eſt qu'il n'y a preſque pas un de ces mots que nous
ne ſoyons obligés de rendre par une périphraſe.

Il feroit poffible d'apporter en preuve de notre inf**é**riorité en fait de libertinage, par rapport aux anciens, une infinité de paffages qui étonneroient nos fatyres les plus déterminés. Nous avons déjà montré dans un morceau de ces mélanges très en raccourci, ce que le peuple de Dieu favoit faire. (1) Erafme a recueilli dans les auteurs Grecs & Romains une foule d'anecdotes & de proverbes qui fuppofent des faits dont l'imagination la plus hardie eft effrayée : j'en citerai quelques-uns.

Nous n'avons point, par exemple, de mauvais lieux qui puiffent nous donner une idée de ce qu'on appelloit à Samos *le parterre de la nature*. C'étoient des maifons publiques où les hommes & les femmes péle-méle s'abandonnoient à tous les genres de libertinages ; car ce feroit proflituer le mot de volupté que de l'employer ici. Les deux fexes y offroient des modeles de beauté, & de là le titre

---

(1) Voyez la Toproïde où j'aurois pu ajouter un très-grand nombre d'autres paffages tirés de la Bible. On trouve, par exemple, dans le livre de la fageffe, (ch. XIV, ℣. 26.) plufieurs reproches d'impureté, d'avortemens criminels, d'impudicités, d'adulteres, &c. Jérémie (ch. V, ℣. 13) déclame contre l'amour des jeunes garçons. Ezéchiel parle de mauvais lieux & des marques de proftitution à l'entrée des rues. (Ch. XXVI, ℣. 24, 25, 26, 37.) &c. &c.

de parterre de la nature. (1) Les vieilles mettoient encore à profit dans d'autres lieux les reſtes de leur lubricité. Elles étoient tellement impudiques qu'on les comparoit à des animaux qui avoient l'odeur, l'ardeur, la laſciveté des boucs. (2)

> ..... *Verum noverat*
> *Anus capriſſantis vocare viatica.*

Dans l'iſle de Sardaigne qui n'a jamais été un pays très-floriſſant ni très-peuplé, le nom du lieu appellé *Ancon* avoit pour étymologie celui de la reine Omphale, qui faiſoit tribader ſes femmes enſemble, puis les enfermoit indiſtinctement avec des hommes choiſis pour briller dans ces ſortes de combats. (3)

On ſait ce que le deſpotiſme oriental a toujours

___

(1) Eraſme, p. 553. — *Samiorum flores.* — *Ubi extremam voluptatum decerperet.* — Σαμιωνίδες, la ſamionante. — *Puellæ veluti flores arridentes ad libidinem invitabant.*

(2) *Ani hircaſſantes.* Γραῦς καπριξα. Eraſ. 269. *De juvente, cui anus libidinoſa omnia ſuppeditabat, quo viciſim ab illo voluptatem cui feret. Nota & hircorum libido, odorque qui & ſubantes conſequitur.*

(3) Γλυκὺν ἀγκῶνα. Ancon. Eraſ. 335. *Omphalen regina per vim virgines dominorum cum eorum ſervis incluſiſſe ad ſtuprum, in ſola haberetur impudica. Lydia autem eum locum, in quo fœminæ conſtuprabantur* γλυκὺν *ἀγκῶνα, appelaſſe, ſceleris atrocitatem mitigantes verbo.*

coûté à l'humanité & à l'amour ; il a dans tous les tems foulé celle-là & profané celui-ci. C'eſt de Sardanapale, (1) l'un des plus vils tyrans de ces contrées , que vient l'idée & l'uſage d'unir la proſtitution des filles & des garçons.

Corinthe pouvoit le diſputer à Samos pour la perfection de la proſtitution publique ; elle y étoit tellement révérée qu'il y avoit des temples où l'on adreſſoit ſans ceſſe des prieres aux dieux pour augmenter le nombre des proſtituées. (2) On prétendoit qu'elles avoient ſauvé la ville. Mais en général les Corinthiens paſſoient pour poſſéder preſque excluſivement l'art de la ſoupleſſe & des mouvemens voluptueux. (3) On les reconnoiſſoit

---

On voit que même en ce genre le deſpotiſme n'a plus rien à inventer.

(1) Σαρδανάπαλος. Eraſ. 723. *Cœterum deliciis uſque adeo effœminatus , ut inter eunuchos & puellas ipſe puellari cultu deſidere ſit ſollitus.*

(2) Eraſ. 827. *Ut dii augerent meretricum numerum.* Eraſme ajoute que les Vénitiennes de ſon tems étoient les filles lubriques par excellence. *Nuſquam uberior quam apud Venetos.*

(3) Κυρσοπωλῖς la canobole à κοῖρος. Eraſ. 737. *Corinthia videris corpore queſtum factura. In mulierem intempertivius libidinantem. De mulieribus Corinthi proſtantibus dictum & alibi. Dictum & autem κοιροπῶλω , novo quidem verbo quod nobis indicat quæſtum facere corpore.*

à une certaine tournure, à une coupe, à un galbe particulier.

Les Lesbiennes font citées pour l'invention ou la coutume d'avoir rendu la bouche le plus fréquent organe de la volupté. (1)

Différens peuples fe diftinguerent ainfi par des ufages bien étranges & plus fréquens chez eux que chez tous les autres ; de forte que ce qui n'eft aujourd'hui que le vice de tel ou tel individu, étoit

------

(1) Λεσβιάζειν. *Lesblari.* La Lesbienne. *Antiquitus polluere dicebant.* Eraf. 731. κοῖρις *enim cunnum fignificat* (*quæ combibones jam fuos contaminet Ariftophanes in Vefpis.*) Eraf, 731. *Aiun turpitudinem quæ per eos agitur, fellationes opitur, aut irrumationis primum à Lesbiis authoribus fuiffe profectam : & apud illus primum omnium fœminum tale quiddam paffam effe.* — Ainfi le talent caractériftique des Lesbiennes étoit de gamahucher ; d'où *mihi at videre labda juxta Lesbios.* (*Ariftoph.* λαβδα Λεσσιους *fellatrix.*) La fellatrice qui fuce le gland, étoit encore un épithete des Lesbiennes où c'étoit la mode de commencer par cette cérémonie. Eraf. 800. *Fellatrium indicat... quæ communis Lesbiis quod ei tribuitur genti, &c.*

N. B. Il y avoit, il y a quelques années, à Paris une fille charmante, née fans langue, qui parloit par fignes avec une adreffe étonnante, & s'étoit vouée à ce genre de proftitution. M. Louis l'a décrite fous le titre d'*aglof-foftomographie.*

alors le caractere diſtinctif de tout un peuple. Ainſi, de ces peuples de l'iſle d'Eubæ qui n'aimoient que les enfans & qui les proſtituoient de toutes manieres, vint le mot *chalcider*. (1) Ainſi l'on créa celui de *phicidiſſer* pour indiquer une fantaiſie bien dégoûtante. (2) On exprima l'habitude qu'avoient les habitans de Sylphos, l'une des Cyclades, d'aider les plaiſirs naturels par ceux de l'anus, au moyen du mot *ſiphniaſſer*. (3) Ainſi l'on trouva des mots pour tout peindre dans des ſiecles de corruption où l'on éprouva de tout. De là le *cleitoriaſtein*, (4) ou contraction de deux clitoris ; opération qu'Heſychius & Suida ont pris la peine de nous expliquer, en nous apprenant que ce travail ſe fait comme le frai de la carpe contre ſa ſemblable ; l'une s'agite quand l'autre s'arrête, & réciproquement, (d'où le proverbe *non ſatis liques* ;)

---

(1) Καλκιδίξεων. *Chalcidiſſare*, Eraſ. *Gens (Chalcidicenſes) male audiſſe ob fœdos puerorum amores.*

(2) Φικιδίζεω. *Phicidiſſare.* Se faire lécher les teſticules par de jeunes chiens. (Suetone.)

(3) Σιφνιάζειν. *Sipginiaſſare.* (Plin. l. IV. 12.) Eraſ. 690. *Pro eo quod & tannum admovere poſtico , ſumptum eſſe à moribus ſiphniorum.*

(4) Κλειτοριαζειν. Eraſ. 619. *De immondica libidine. Unde natum proverbiun , non ſatis liquet. Libidinoſa contradatio.*

de là l'expreſſion de *cunni-langues* que Sénèque définit ainſi. Les Phéniciens différoient de Leſ-biens en ce que les premiers ſe rougiſſoient les levres pour imiter plus parfaitement l'entrée du vrai ſanctuaire de l'amour ; au lieu que les Lesbiens qui n'y mettoient d'autre fard que l'empreinte des libations amoureuſes les avoient blanches, (1) & ce n'eſt pas la maniere la plus ſinguliere dont on ait paré ſes levres ; car Suétone rapporte que le fils de Vitellius les enduiſoit de miel pour ſucer le gland de ſon giton de maniere à augmenter ſon plaiſir, en lubrifiant ainſi la peau fine qui revêt cette partie ; la ſalive de l'agent imprégnée de miel attiroit les flots d'amour. C'étoit (2) un aphrodiſiaque connu & puiſſant pour les hommes uſés. Mais Vitellius faiſoit cette cérémonie tous les jours & publiquement ſur tous ceux qui vouloient s'y prêter ; (3) ce qui n'eſt guere plus

______

(1) *Phœniciſſantes labra rubicunda ſibi reddebant ; ſic Lesbiaſſantes alba labra femcne.*

Martial lib. I. — Cunnum carinus linguit eſtamen pallet.

Cattulius ad Gellicum. - Neſcio quid certe eſt, an vere
    fama ſuſurrat.
    Grandia te remedii tenta vorare viri.
   Sic certe eſt. Clamant virroni: rupta miſelli
    Ilia, demulſo labra notata ſero.

(2) *Hier. Mercurial.*

(3) *Quotidie ac palam. — Arterias & fauces pro remedio fovebat.*

bizarre que ces libations (*semen & menstruum*) que certaines femmes, selon Epiphane, offroient aux dieux, pour les avaler ensuite. (1)

Je finis cette singuliere récapitulation par demander aux moralistes si les anciens alloient beaucoup mieux que nous, & aux érudits quel service ils croient avoir rendu aux hommes & aux lettres, quand ils ont déterré ces anecdotes & tant d'autres pareilles dans les archives de l'antiquité?

---

(1) Hier. Merc. li. IV, p. 93. — *Scribit Epiphanius femina semen & menstruum libare Deo, & deinde potare solitas.*

F I N.

TABLE.

Fin de la Table.

www.ingramcontent.com/pod-product-compliance
Ingram Content Group UK Ltd.
Pitfield, Milton Keynes, MK11 3LW, UK
UKHW021640170726
13836UKWH00005B/2289